Nicht allein für Jäger

Durchs ganze Weltall geht die Jagd,
Wohin dein Blick auch wandre,
Von alledem, was auf Erden lebt
Verfolget eins das andre.

© MCMLXXV Uitgeverij Luitingh B.V., Laren N.H.
Lizenzausgabe »Niet alleen voor Jagers« für Jahr-Verlag KG,
Burchardstr. 14, 2000 Hamburg 1

Redaktion: Rudolf Humme

Aus dem Holländischen übersetzt von
Anneke Lüders-Knegtmans mit freundlicher
Unterstützung von Marie Zimmermann.

Satz: Hess Fotosatz GmbH, Hamburg

Druck: Brillant Offset GmbH & Co, Hamburg

printed in Germany

ISBN 3-570-02331-1

Nicht allein für Jäger

WIL HUYGEN
RIEN POORTVLIET

Inhalt

Einleitung

Dieses Buch haben wir gemeinsam verfaßt und viel Spaß dabei gehabt. Es schildert die Erfahrungen, die wir innerhalb des großen Ganzen der Schöpfung gemacht haben, teils im eigenen Jagdrevier, überwiegend aber als Gäste vieler liebenswerter Jagdherren und Jägermeister, die damit nicht wenig zum Entstehen der Erzählungen beitrugen.

Der Mensch hat viele Leidenschaften. Wir Jäger haben eine, die den ganzen Hintergrund unseres Lebens ausfüllt: jagen. Eine stilvolle, liebevolle, sorgenvolle Leidenschaft, die uns manchmal Freude, manchmal auch Enttäuschungen bereitet. Das Töten des Tieres ist dabei nur der Paukenschlag in der Sinfonie oder, wenn Sie so wollen, die Abrundung eines gediegenen Stücks Arbeit.

Die Natur ist ein komplexer Organismus, der wächst, zugrunde geht und sich regeneriert, eine biologische Kolchose, in der jedes Lebewesen alle übrigen ohne Staunen als gegeben hinzunehmen scheint und Leben, Verschwendung und Tod einander pausenlos ablösen.

Dieses Schauspiel ist dem Menschen gewidmet, dem einzigen Wesen, das es wahrzunehmen vermag. Eine tragende Rolle in dem Geschehen aber spielt der Jäger. Im Wandel der Jahreszeiten darf er durch seinen Lustgarten wandeln, junges Leben heranhegen, pflegen, ernähren, erhalten. Ernten darf er, wenn das Wild — am Wachstum und Alter gemessen — als jagdbar gilt oder zum Abschuß freigegeben wurde. Und die Feindin des Jägers heißt Ungeduld.

In vielen besinnlichen Stunden bei unvergleichlichen Sonnenaufgängen, auf dem Stand bei Treibjagden oder allein mit dem Hund im Revier kommt es uns vor, als würde der Schöpfer sich herabneigen und zuhören, wie Adam, Aufseher der Natur, alle Dinge beim Namen nennt.

»Wie ähnelt er mir doch«, sagt der Herr zu sich. »dies ist ein Spiel ohne Ende, er findet Gefallen an meiner Schöpfung, genau wie ich.«

Mehr als irgendein anderer Mensch muß der Jäger, in dessen Hand die Entscheidung über Leben und Tod liegt, von seiner eigenen Sterblichkeit und dem Übergang zu einem höheren Leben überzeugt sein. Im vorliegenden Werk haben wir versucht, unsere Freude zum Ausdruck zu bringen an allem, was lebt und ist: dem Rauschen der Blätter, dem Knistern des Schnees, dem Schwirren eines auffliegenden Fasanenhahns, dem Röhren eines brunftigen Hirsches, dem Treiben eines Bockes, dem Ausbrechen eines Wildschweins, dem säuselnden Flügelschlag eines rahenden Entenzuges und all den unvorstellbar vielen Dingen mehr, die wir dank der Tatsache, daß der Schöpfer und ewige Erneuerer sie uns und Ihnen geschenkt hat, mit sehenden Augen erleben dürfen.

Wil tergaes
ten portvliet

St. Hubertus

Der heilige Tag bricht an, wie immer in Ehren gefeiert, und in Scharen strömt all das Volk zum Heiligtum. Doch Hubertus gürtet den Dolch und besteigt sein Roß, er ist nur auf seine Lust, seinen Lebensinhalt bedacht: die Jagd.

Quer durch Wald und Flur, über die mit Krüppelholz bewachsenen Felsen reitet er, treibt seine Hunde an, galoppiert hinter dem Wild her.

Schaum tritt dem Pferd vor's Maul, es fliegt die Mähne im Nacken, und über die Felder schmettert der Schall des Jagdhorns.

Doch sieh — vor ihm steht ein gewaltiger weißer Hirsch, und zwischen den Stangen des Geweihs erblickt Hubertus Christus am Kreuz.

Und dieser spricht ihn an. — Derselbe, der einst Saulus zurief und den Räuber der Schafe in einen Hirten verwandelte, ruft ihn. Er, der die starken Eichen, die Zedern des Libanon fällt, braucht nur ein Wort, um schlagartig ein leeres Gemüt zu erschüttern. Wie vom Blitz getroffen, stürzt Hubertus vom Pferd auf den Waldboden: Ausgezogen, um Beute zu machen, ist er selbst plötzlich zu Gottes glänzender Beute geworden.

(Übersetzt aus mittelalterlichem Latein)

8

Hasen

Auf dem ansteigenden, mit glitschigen Kopfsteinen gepflasterten Innenhof versammelt sich die Gruppe: die Jäger im grünen Rock, die Treiber in dunklem Cord. In einer Ecke stehen Autos, daneben Fahrräder und Mofas. Überall hängt der aus dem Silo aufsteigende Geruch des gärenden Grases. Die Nase des Stadtmenschen empfindet den säuerlichen, penetranten Geruch als unangenehm, doch für die in einer langen Reihe im Stall angeketteten Kühe ist er die Verheißung einer köstlichen Speise.

Hinter dem Bauernhof erstreckt sich das flache Land in verwaschenem Grün. Der Himmel ist grau, die Meteorologen verheißen Regen, Schneematsch und was sie sonst noch an Nettigkeiten auf Lager haben, als Zugabe einen zunehmenden Wind. An der Durchführung des Tagesprogramms aber ändert auch der miserabelste Wetterbericht kaum etwas, los geht's, draußen werden wir dann schon sehen, was kommt. Vielleicht wird es nur halb so schlimm, und je eher man anfängt, desto besser.

Die Treiben werden angegangen. Schlag für Schlag ein Stoppelfeld, ein Winterroggenacker, eine Reihe Wiesen bis zum fernen Horizont. Und dann wieder parallel zurück. Jedesmal gehen die Jäger voraus, die Treiberlinie wartet auf das Hornsignal des Jagdleiters, daß sie sich in Bewegung setzen darf: das Jagen im Felde. — Ha-

sen, Hasen und noch einmal Hasen. Gelegentlich ein vereinzeltes Rebhuhn. Am Ufer der Wassergräben um ihr Leben laufend, haben sich die Fasanen längst in Sicherheit gebracht. Die Hasen sind rege, das ist bei diesem Wetter auch nicht anders zu erwarten. Bevor die ersten zwei hereinkommen, sind schon sieben entwischt. In ihrer Sasse haben sie gut aufgepaßt, und als kleine, schwarze, in unerreichbarer Ferne davonrennende Fleckchen verschwinden sie nun ins Nichts. Ein anderes Mal, als sie auf uns zukommen, werden sie immer wolliger und größer und herzerwärmender, bis sie sich braun und weiß überschlagen.

Man kann grundsätzlich davon ausgehen, daß ebenso viele Hasen entkommen wie geschossen werden. Das ist auch gut so, laß die Krummen ruhig laufen, sie werden es noch schwer genug haben, bis der Frühling das Gras wieder grün und üppig wachsen läßt, und außerdem lastet der Fluch der modernen Autoscheinwerfer auf ihnen.

Auch der Jagdherr hat es heute nicht leicht. Beim temperamentvollen »Hopp-hopp«-Rufen verliert er einen großen gelben Eckzahn, der im hohen Bogen durch die Luft fliegt und im Gras landet, wonach der Besitzer ihn aufhebt und kaltblütig wieder an seinen alten Platz zurücksteckt. Ein Jäger vom rechten Schrot und Korn läßt sich eben durch nichts aus der Fassung bringen.

Und weiter geht's. Es beginnt zu regnen. Zuerst nieselt es nur ab und zu kaum merkbar, aber der dunkle Himmel hält noch einiges für uns bereit. Ein Obstgarten wird durchtrieben, aber kein Hase, kein Fasan wird hoch. Meine Hündin stöbert in einem trockenen, von Brombeersträuchern überwucherten Graben. Ihrer Rute ist anzusehen, daß sich Lebewesen unter den Sträuchern befinden. Als sie schließlich, vorsichtig rückwärts gehend, zum Vorschein kommt, hält sie einen Igel im Fang. Ich trage ihn ein Stückchen mit mir, aber jedesmal, wenn ich ihn, ohne daß es die Hündin gesehen hat, in den Graben hinter mir hab' rollen lassen, bringt sie mir mit freudig wedelnder Rute schon nach wenigen Minuten den stacheligen Ball wieder zurück. Schließlich nehme ich das Tierchen mit nach Hause. Die Kinder können sich ein paar Tage daran erfreuen, und dann entlasse ich es eben wieder in die Freiheit. Sein Winterschlaf ist jetzt sowieso vorbei, vorläufig wenigstens.

Zum Mittagessen verzehren wir belegte Brote, dann folgen wieder an die zehn endlos sich ausdehnende Wiesentreiben. Wie es im November auch in vielen anderen Gegenden der Fall ist, harren nur noch Ponys auf dem feuchten, ungeschützten Gelände aus. Die Gatter des Graslandes sind geöffnet, so daß die Ponys einen weiten Auslauf haben. Sie äugen neugierig, ohne besonders beunruhigt zu sein, nach den sich meistens auf Umwegen aufstellenden Jägern, aber als die Treiberkette näher kommt, beginnen sie zu bocken und zu schlagen, als ob ihnen weiß Gott was bevorstünde. Meist ziehen sie sich in eine entfernte Ecke zurück, wo sie mit ihren kleinen Damenhufen jähzornige Volten ausführen, bis sie schließlich, wenn es keinen Ausweg mehr gibt, wie die Zirkuspferde in einer schwierigen Dressurnummer mit gebogenen Hälsen und schnaubend die Kette durchbrechen. Danach pflegen sie aggressiv gegen die Hündin zu werden, und jedesmal, wenn diese auf ihren Flankiergängen einen Augenblick allein ist, versuchen sie, ihr mit den Vorderbeinen einen Tritt zu versetzen, und das gelingt ihnen zuweilen.

Heute aber steht eine Ponydame hinter mir, die anders ist, eher eine einsame Denkerin, die das Gute anstrebt. Ich muß einen Schuß vor den Treibern die Flanke abgehen, und sie trottet gleich friedlich neben mir her,

lutscht am Gewehrriemen und beschnüffelt zutraulich den Rücken und die Ohren der Hündin, ohne zu treten oder zu beißen. Sie ist behaart wie ein Bär, ein bißchen fettig, wenn man ihr den breiten, braunen, durchgebogenen Ponyrücken streichelt. Nach zwei Minuten drückt sie sich an mich, als wäre ich ihr Liebhaber. Ich lege meinen linken Arm um ihren Hals, und so gehen wir Seite an Seite, zwei Seelen, sie sich gefunden haben. Ab und zu stößt sie mich so stürmisch an, daß ich in den Graben abrutsche, und dann sage ich: »Komm', Adelheid, mach' ein bißchen Platz!« Dabei dränge ich sie mit der Hand am Winkel ihres Kiefers zur Seite. Sie bleibt dann einen Augenblick gekränkt stehen, aber als ich mich etwa zehn Meter weiter umdrehe und sage: »Na, wo bleibst du denn, Mädchen?«, trabt sie wieder herbei und schiebt ihren süßen Kopf ohne Groll unter meinen Arm. Hasen werden in diesem Treiben nicht hoch, also habe ich jede Menge Zeit. Bei einer Brücke muß ich meine Freundin zurücklassen, sie äugt traurig hinter mir her. Allmählich fällt der Regen in Strömen, der Lehm haftet in schweren Klumpen an unseren Stiefeln, und der nun kräftige Wind weht uns die Nässe ins Gesicht. Hier und da ist der Regen mit einer Schneeflocke vermischt, und ich kann mir das Tag- und Nachtleben der Hasen in der Sasse überhaupt nicht mehr vorstellen, besonders da im Februar unter fast gleichen Wetterbedingungen Junge gesetzt werden. Menschliche Maßstäbe bezüglich einer behaglichen Schlafstelle sind hier kaum anzulegen, soviel ist deutlich.

Gegen halb fünf wird es dunkel, und wir stapfen zum Sammelplatz zurück: Trockenheit, Wärme, alles, was einem nach einem solchen Tag begehrenswert erscheint, ein gemütlicher Samstagabend im bequemen Lehnstuhl, ein unübertrefflicher Genuß!

Der Jagdherr hat getan, was er konnte. Wir danken ihm, wie es sich gehört. Was nicht ausschließt, daß der Eckzahn beim Legen der Strecke noch einmal in den Schlamm fällt. Die beiden Zahnärzte in der Gruppe putzen den Zahn, bis er kaum noch nach gegorenem Gras riecht, und stellen den ursprünglichen Zustand wieder her.

Ich will nicht mit Sicherheit behaupten, daß der dicke Wilhelm, als er — noch vor Aufgang der Jagd — über den Zaun kletterte, seine Flinte nicht schon gestopft gehabt hätte. Vielleicht gehört er zu jenen Wunderknaben, die mit abgekipptem (aber geladenem) Doppellauf jedes Hindernis mühelos überwinden. Gleichwohl sind diese schnellen Schüsse äußerst wirkungsvoll; daß sie so unerwartet kommen, trägt zum Jagdvergnügen bei, und außerdem versprechen sie in der Regel eine gute Strecke.

Joseph, der Riecher

Irgendwo in Europa geht die Sonne auf. Aber fast die ganze Nacht hat ein pfannkuchenähnlicher Mond am Himmel gehangen, und nicht ein Stück Rehwild ist auf den Läufen. Das ist anderthalb Tausend Kilometer von Zuhause entfernt und trotz einer auf vollen Touren laufenden Brunft genau wie daheim. In einem schäbigen Kleintransporter, dessen Fabrikat ich vergessen habe und der, wer weiß, noch aus dem letzten Krieg stammen mag, fahren der Jagdaufseher Joseph und ich über endlose Kieswege in den ebenso endlosen Wäldern umher. Joseph schüttelt den Kopf und sagt: »Vor sechs Uhr wird's nichts.« Was die Natur nicht weniger schön macht: Ein soeben niedergegangener Schauer läßt alles grüner und frischer erscheinen, die Sonne pinselt lustige zusätzliche Farben darüber, und es ist fast windstill. Nur die Ausstaffierung, das Wild, das wir Jäger nicht mehr entbehren können, und wenn die Landschaft auch noch so bezaubernd ist, läßt uns im Stich.

Punkt sechs aber legt der Jagdaufseher eine knochige Hand auf meinen Unterarm und zeigt voraus: Vierhundert Meter weiter sitzt (so scheint mir) eine schwarze Katze auf dem Weg.
»Nein, nein«, flüstert Joseph, »ein Fuchs.«
Jetzt sehe ich es auch. Ein dunkler Fuchs. Er sitzt ruhig auf seiner Lunte.
»Still!« sagt Joseph, »Motor abschalten, er hat uns nicht gesehen.«
»Was macht er da?«
»Er horcht, ob es keine Mäuse gibt, und hält Ausschau

nach aus dem Nest gefallenen jungen Vögeln. Leg' an, ich werde ihn locken.«

Ich steige aus und lege die Büchse über die Motorhaube. Joseph imitiert ein sterbendes Kitz. Sofort sichert der Fuchs auf uns zu und wird hoch. Der Weg wellt sich ein wenig, und wir sehen ihn nicht mehr. In zweihundert Meter Entfernung kommt er wieder zum Vorschein, und gerade als ich Funken reißen will, geht er mit einer federnden Flucht in Deckung. Der schwache Wind hat ihm offensichtlich doch noch eine Wittrung zugetragen.

»Schade«, sagt Joseph, »aber wir begegnen schon noch einem.«

Gerade als wir weiterfahren wollen, erklingt das laute »Bö, bö!« eines Rehs im dichten Unterholz schräg vor uns.

»Dem ist der Fuchs zu nahe gekommen«, sagt Joseph. Langsam geht's ins Tal hinab. An einem fernen, mit Heidekraut bewachsenen Hang steht ein Stück Rehwild wie ein in zu grellem Orange gefärbter Stein in der Sonne. Wir gucken durch das Fernglas: eine Ricke.

»Nichts wie hin!« entscheidet Joseph, »es kann ein Bock dabei stehen.«

Als wir aber eine halbe Stunde später, von Fliegen und teuflischen kleinen Mücken gepeinigt, achtzig Meter oberhalb der Ricke stehen, stellt sich heraus, daß sie nur ein Kitz führt. Kein Bock ist zu sehen, auch aufs Blatten reagiert keiner. Wir setzen uns für eine kurze Verschnaufpause. Joseph steckt sich eine meiner Zigaretten an. Der Westtabak scheint ein Erlebnis zu sein. Er drückt die Kippe aus und tritt sie fest in die Erde. Kaum fünf Minuten später, beim Abstieg über einen steilen Pfad, hält er plötzlich inne, steckt seine Nase in die Luft und sagt:

»Ich rieche einen Fuchs. Den rufen wir wieder!«

Ich rieche nur Tannen und Heide. Wir stellen uns in den Entwässerungsgraben am Wegrand. Inzwischen ist es heiß geworden, und die Mücken kriechen uns in Nase, Ohren, Genick und Augen, zum Verrücktwerden. Joseph zeigt auf einen Grasstreifen, der in zwanzig Meter Entfernung zwischen dunklen Tannen aus der Tiefe hochsteigt und bis zum Kies des Weges reicht.

»Da kommt er. Aufs Korn nehmen und sofort schießen!«

Joseph sitzt neben mir auf dem Rand des Grabens, und ich stehe in dessen Mitte, das Wasser rinnt an meinen Stiefeln entlang.

Wieder klagt ein sterbendes Kitz. Zwei Minuten danach wird die weihevolle morgendliche Stille von einem kräftigen Fluch gestört: Links neben Joseph steht mitten auf dem Weg ein prachtvoller Fuchs, orangefarbig wie ein Reh. Aber schießen kann ich nicht, denn dazu müßte ich die Büchse über den Kopf des Jagdaufsehers hinweg heben, und sogar wenn ich das mit Spitzengeschwindigkeit täte, käme die Kugel immer noch vier- bis fünfmal zu spät, um den sich herumwerfenden und den Abhang hinunter flüchtenden Fuchs einzuholen, umsomehr da der Tannenwald dicht wie eine Wand ist.

Wiederum biegen wir im Schneckentempo in ein weites und stark ansteigendes Märchental ein. Am entferntesten Ende hört der Wald auf und fängt die Heide an. Kurz davor steigen wir aus und gehen zu Fuß bis zu einer uns geeignet erscheinenden Stelle, an der wir uns einnisten, um den gegenüberliegenden Hang zu beobachten. Eine erschrockene, vierzig Zentimeter lange Kreuzotter raschelt hinunter, der schwarze Zick-Zack-Streifen auf ihrem Rücken zeichnet sich deutlich ab. Sie wird eine Maus oder einen kleinen Vogel erwischt haben, denn in der Mitte ihres Leibes befindet sich eine Verdickung.

»Hier steht ein siebenjähriger Bock«, sagt Joseph, »er muß einem jüngeren tiefer unten im Tal Platz machen.«

Wir sehen kein Rehwild. Joseph blattet, doch nichts rührt sich. Inzwischen ist es halb acht geworden. Gerade als wir fortgehen wollen, kracht es hinter uns. Vier Stücke Rehwild fliehen über den Weg und ins Tal hinein.

»Behalte den anderen Hang im Auge«, zischt Joseph, »dort kommen sie wieder hoch.«

Als die vier tief unter uns den Fluß durchrinnen und den gegenüberliegenden Hang hochklettern, blattet Joseph laut. Sie verhoffen. Drei Ricken und ein Bock. Ein gutbestückter Harem sozusagen, denn mitten im Sommer kann man wohl kaum von einem Sprung sprechen.

»Das ist er«, pustet Joseph in mein Ohr, »schnapp' ihn!«

Die Büchse liegt auf meinem Lodenmantel. Es ist weit; über einhundertfünfzig Meter finde ich wenigstens weit. Der Stachel liegt aber gut, und ich reiße Funken. Daneben? Scharf über seinen Rücken hinweg? Joseph meint, ja. Kommt es dadurch, daß der Bock tief unter uns stand und die Kugel somit weniger von der Schwerkraft abgelenkt wurde? Dann überschießt man ja mitunter ein Stück.

Eine Ricke springt nach links ab, zwei merkwürdigerweise geradewegs nach oben, und der Bock nach rechts. Mir scheint er krank zu sein. Ist der doch getroffen? Er zieht langsam durch das Flußbett davon und dann zögernd wieder unseren Hang hoch. Krank oder nicht? Nach dreihundert Gängen verhofft er. Joseph überläßt mir die Entscheidung. Ich entschließe mich schweren Herzens zu einem zweiten Schuß. Es ist kaum denkbar, daß ein alter Bock, wenn er gesund ist, so reagiert. Nach dem Schuß springt er unter junge Tannen ab, vollkommen in Deckung. Als wir hingehen, ihn zu suchen, ist Joseph skeptisch. Er hat beim zweiten Schuß gerade weggeguckt, weiß also nicht, ob der Bock in dem Moment zeichnete.

Weder die erste noch die zweite Anschußstelle ist zu finden. Tannen und immer wieder Tannen, dazwischen hohes Heidekraut. Wir gehen hin und her, immer weniger Hoffnung im Herzen. Der einzige Lichtblick ist, daß wir ihn weder nach oben noch nach unten haben abspringen sehen. Joseph zuckt mit den Schultern. Genau wie ich fast zur Verzweiflung gebracht durch die kleinen Mücken, die auf kein einziges Abwehrmittel reagieren, sagt er:

»Wir kommen in zwei Stunden mit dem Hund wieder.«

Aber als wir, das Wasser mit der schlimmsten Insektenplage hinter uns lassend, wieder den steilen Hang hochklettern, hält er plötzlich ruckartig inne und sagt:

»Ich rieche Schweiß!«

Er geht erneut abwärts, nimmt wie ein Hund, die Nase hochgestreckt, Wittrung und verkündet: »Der Bock hat Schuß, ohne Zweifel.« Ein paarmal gegen den Wind flankierend geht er weiter zurück. Ungläubig beobachte ich diesen Naturburschen. Und schließlich erklingen die immer wieder himmlischen drei Worte: HIER LIEGT ER! Joseph zieht den Bock unter einer Tanne hervor, mausetot. Eine Gabel, spitze Enden. Der Schuß sitzt auf dem rechten Hinterblatt, spitz von hinten. Der erste Schuß war also doch daneben. Es gibt **keinen Ausschuß!** Sie müssen es mir schon aufs Wort glauben, verstehen tut's keiner.

Beim Aufbrechen zündet der glückliche Besitzer der Spürnase wieder einmal eine große Pfeife an. Der Schaden ist nur halb so schlimm. Eine Hinterkeule ist wertlos, aber sogar die Leber ist noch in Ordnung. Die Kugel steckt links vorne unter der Decke. Sie hätte den Lauf meines Gewehrs niemals verlassen, wenn ich nicht geglaubt hätte, der Bock wäre krank. Mit Sicherheit nicht in jener Stellung und Entfernung. Aber was für ein Riecher!

»Es hängt vom Wetter ab«, erklärt Joseph bescheiden, »an manchen Tagen gelingt es, und an anderen Tagen rieche ich nichts.«

Am Abend treffen wir uns wieder. Diesmal kriechen wir auf einen hohen Hügel und lassen uns auf der anderen Seite bäuchlings hinunter. Im Heidekraut ist das gar nicht so einfach, aber Joseph sagt, es muß sein, weil die Ricken sich oft mit ihren Kitzen draußen auf der Heide niedergetan haben, während die Böcke noch unten im Wald stehen. Somit wäre eine abspringende Ricke sicherlich Grund genug für einen Bock, nicht vor der Dunkelheit auszutreten. Der Wind bläst aus dem Tal. Als wir uns endlich hinter einem geeigneten Felsblock verschanzt haben, an die zweihundert Gänge

oberhalb der Grenze zwischen Wald und Heide, stellt sich heraus, daß wir gute Arbeit geleistet haben, denn schräg rechts von uns haben sich tatsächlich zwei Ricken auf der Heide niedergetan, die uns nicht wahrgenommen haben. Sie spielen mit den Lauschern gegen die Mücken. Die Sonne steht ein paar Handbreit über dem Horizont. Der Waldsaum wird gerade noch beleuchtet. Der Tannenwald ist zwar dicht wie eine Wand, hat aber auch ein paar Türchen, offensichtlich die Wechsel des Rehwildes.

Plötzlich steht ein Bock in einer dieser Öffnungen. Abwechselnd sichert und äst er und fegt dann jähzornig einen kleinen Strauch. Joseph hat seine Diagnose schon bereit: der älteste der hier stehenden Böcke, ein entthronter, fünfjähriger Sechsender. — Schießen!

Aber, Himmel Gott nochmal, wieder diese Entfernung, und wieder schräg abwärts. Können wir nicht warten, bis er etwas höher kommt?

»Das macht dieser nicht«, sagt Joseph, »dazu ist er zu argwöhnisch. Vielleicht später in der Dunkelheit, niemals aber bei Tageslicht.«

Die Büchse liegt gut, die Nerven verhalten sich ruhig . . .

Peng! Der Bock fällt wie vom Blitz getroffen, der Kugelschlag scheint erst Sekunden später zu folgen.

»Blattschuß«, brummelt Joseph anerkennend, »siehst du, es geht doch!«

»Und was machen wir jetzt?«

»Wir bleiben liegen, denn in einer Viertelstunde wollen wir noch einmal den Fuchs locken.«

Wieder erklingt das Klagen eines Kitzes. Die Ricken sind abgesprungen. Weit links beginnen kleine Vögel zu lärmen.

»Sie beschimpfen einen Fuchs«, sagt Joseph, »warte ab!«

Dicht neben der Stelle, an der die Vögel noch immer laut zwitschern, bildet hohes Farnkraut eine Insel in der Heide am Waldrand. Durch dieses Farnkraut kräuselt sich eine kaum wahrnehmbare Welle.

»Da schnürt der Fuchs«, sagt Joseph, »er versucht, uns zu umschlagen, um von uns Wind zu bekommen. Das machen nur alte Füchse!«

Dort, wo die Farne wieder von Heide abgelöst werden, liegt eine kleine Sandverwehung, über deren Spitze ein gelber Rücken und zwei dreieckige Gehöre zu sehen sind — zwei Sekunden lang, dann sind sie wieder verschwunden. Joseph läßt das Kitz nun langsam den letzten Atem auspusten. Das Fadenkreuz liegt auf einer handvoll Felsbrocken hinten über uns, genau auf die Verwehung gerichtet. Es ist reine Glückssache, daß ich, während ich noch einstelle, sehe, wie der Fuchs hochwird, indem er sich mit den beiden Vorderläufen auf einen Stein stellt und auf uns zu sichert. Peng! Er klappt zusammen und ist verschwunden.

»Hast du ihn?« fragt Joseph, »ich habe gerade in eine andere Richtung gesehen, denn ich rieche noch einen Fuchs.«

»Ich glaub' schon«, antworte ich, »ich hörte den Kugelschlag.«

»Und doch ist rechts von uns noch einer. Der Knall macht denen nicht viel aus. Wir müssen noch einen Augenblick warten.«

Das tun wir denn auch. Aber nach zehn Minuten geht es wieder einmal durch meine Ungeduld schief. Ich will mir meine Beute ansehen.

»Na, dann geh' schon!« sagt Joseph.

Als wir aber aufstehen und ich die gesicherte Büchse schultere, ertönt wieder ein kerniger ausländischer Fluch. Rechts von uns geht ein dunkelbrauner Fuchs in hohen Fluchten den Hang hinunter. Ich schieße einmal hinter ihm her, aber es ist zu weit, und er ist zu schnell. Nach dem Knall hatte er sichernd im Heidekraut gelegen. Josephs Windfang hatte wieder einmal recht. Wenn wir Geduld gehabt hätten, hätte dieser Fuchs uns vielleicht auch zugestanden.

Der erste liegt am Anschuß, aber die Kugel hat ihn leider zwischen die Seher getroffen, so daß von seinem Kopf nicht viel mehr als die Gehöre übriggeblieben ist.

»Dies ist die Fähe«, sagt Joseph, »schau nur, wie gelb sie ist. Der andere war der Rüde. Es wäre ganze Arbeit gewesen, wenn wir sie gleich beide erlegt hätten.«

In seinen Augen steht zu lesen, was man dem Blick fast aller Jagdaufseher entnehmen kann: Reinecke Fuchs ist ihr schlimmster Feind im Revier.

Der Bock ist bereits von einem Schwarm von Fliegen, Mücken und anderem Gesindel bedeckt. Als wir ihn aufbrechen, werden wir selbst fast zerstochen.

Der Rückweg mit dem Bock im Rucksack ist weit, aber die Erschöpfung wird von der Genugtuung, gute Pirsch- und Waidarbeit geleistet zu haben, mehr als wettgemacht.

Nicht das, was einer niederlegt,
Nur was dabei sein Herz bewegt,
Nur was er fühlt bei jedem Stück,
Das ist das wahre Jägerglück . . .

C. E. MARTINY

Mach dir ein paar schöne Stunden

Über diesen Werbespruch nachsinnend, stand ich an einem späten Nachmittag und sah auf meinen einzigen Apfelbaum, der von Sturmböen gepeitscht eine Anzahl unreifer Früchte abwarf. Der dritte August war es nun schon, und ich hatte noch keine einzige Ente vor dem Lauf gehabt; das verdanke ich der schlaf- und zeitraubenden, nervenzerreißenden Jagd auf den Bock.

Gegen halb sieben hatte sich der Sturm in eine steife Brise verwandelt, die große Wolkengebirge vor sich hertrieb. Die Sonne stand noch hoch am Himmel, und wenn ich jetzt loszöge, würden schon noch ein paar Tauben meinen Anstand überfliegen. — Schnell Flinte, Patronen und einen Entenlocker in den Kofferraum geworfen, einen schmutziggrauen Hut aufgesetzt, einen dito Mantel über den viel zu guten Anzug gezogen, und schon wäre ich auf und davon gewesen . . . Doch da fing es auch schon an: Die Hündin, die während der Vorbereitungen in freudiger Erwartung schwanzwedelnd umhertrippelte, hinkte mit dem Vorderlauf, und zwar nicht zu wenig. Bei der Untersuchung stellte ich in einem der Klauenballen ein Loch fest, so groß wie ein Fünfzigpfennigstück. Natürlich war sie wieder einmal auf dem Misthaufen meines lieben Nachbarn in eine Glasscherbe getreten. Während des Stöberns in dem unwegsamen Gelände würde das Loch nur noch größer werden, also mußte die Hündin zu Hause bleiben, so leid es ihr und mir auch tat. Vielleicht würden die geschossenen Stücke an einer so günstigen Stelle herunterkommen, daß ich sie selbst aufsammeln konnte.

Zwanzig Minuten danach war ich in Heinzens Obstgarten, vierzehn Hektar groß und auf allen Seiten von Äckern und Wiesen umgeben. Vor ein paar Wochen hatte Heinz auf seinem Grundstück noch eine Sasse mit fünf jungen Hasen entdeckt, ein wahrhaftig nicht alltäglicher Fund. Wenn man dort zwischen den Bäumen durchgeht, überfliegen die Tauben ohne einen gleich zu sehen, wodurch gewisse Chancen gegeben sind. In den ersten fünf Minuten fehlte ich drei leichte Doubletten, obwohl zwei Elstern ihr Leben lassen mußten. Danach geschah eine halbe Stunde lang nichts, dann strichen gleich vier Tauben im Tiefflug über, die ich natürlich zu spät bemerkte. Eine bekam noch Schrot ab und taumelte geflügelt auf der anderen Seite der zwei breiten, parallel verlaufenden Wassergräben ins Gras. — Jagen ist gut, das kranke Tier schnell von seinem Leiden befreien ist besser. Aber wie? Die Gräben zogen sich ohne Brücke kilometerweit hin. Nach langem Suchen fand ich einen Stock, etwas kürzer als ich; der mußte notgedrungen als Springstab dienen. An der Stelle, wo der erste Graben am schmalsten zu sein schien, machte ich nach langem Zögern einen Satz, rutschte von der hohen Kante ab und stand mit dem rechten Bein bis zur Hälfte im kalten Wasser: Stiefel ausgezogen, und auf einer Socke weiter! Der zweite Graben schien leichter zu überwinden, doch der Schein trog, so daß das linke Bein daran glauben mußte. Den zweiten Stiefel streifte ich einfachheitshalber nicht ab. Ich packte die Taube, beendete ihr Leiden und warf sie über beide Gräben zurück. Inzwischen strich tief über dem Boden ein Schoof Enten vorbei. Ich duckte mich; als sie mich sahen, war es für eine von ihnen zu spät. Sich um ihre Achse drehend, fiel sie senkrecht genau an der Stelle, wo die Taube lag. Ich zuckelte am Graben entlang zurück. Wo lag der Stock auch noch? Hundert Meter weiter, als ich gedacht hatte, fand ich ihn wieder. Den ersten Graben schaffte ich, aber am zweiten und breitesten ging es diesmal erst vollständig daneben, wahrscheinlich weil die nasse Kleidung an meinem Unterkörper zu schwer war.

Komisch, daß ein Mensch, wenn er bis zur Taille einsackt, unwillkürlich nach seiner Mutter ruft. Glück im Unglück war noch, daß der Wasserspiegel wenigstens unterhalb der Brieftasche und des Notizbuches stand. — Hündchen, mein gutes, braves Hündchen, nie mehr gehe ich ohne dich auf die Jagd!

Jetzt strichen auf allen Seiten Enten, aber ich war nicht mehr interessiert und schleppte mich zitternd vor Kälte zum fernen, trockenen Auto. Auf halbem Wege merkte ich, daß mir etwas fehlte. Ich machte Inventur: eine Ente, eine Taube und ein Stiefel . . . Der Fluch, den ich ausstieß, war nicht von Pappe: Der zweite Stiefel lag noch dort, wo ich ihn ausgezogen hatte. Also wieder zurück. Diesmal stieg ich ohne langes Federlesen in den Graben, obwohl die Sensation alles andere als angenehm war. Ich nahm den Gummistiefel an mich und watete wieder zurück zu Heinzens Grundstück.

Beim Auto tastete ich in meiner nassen Tasche nach meinem Schlüsselring. In der Eile, noch rechtzeitig ins Feld zu kommen, hatte ich vorher versehentlich den Wagenschlag zugeworfen, ohne den Zündschlüssel abzuziehen. Da sich am Schlüsselring jedoch noch Reserveschlüssel befanden, hatte mir dies nicht viel ausgemacht. In meiner Tasche waren aber keine Schlüssel; ohne Zweifel waren sie herausgerutscht, als ich rücklings in den Graben abrutschte.

Liebe Waidgenossen, wissen Sie, was man in einem sol-

chen Moment, wenn die Verzweiflung einem die Kehle zuschnürt, außer Fluchen noch tut? Man geht in der nassen Kleidung einen halben Kilometer zurück, bestimmt in etwa die Stelle, wo man im Graben stand, zieht alles aus und durchsucht mit bloßen Händen und überhaupt im Adamskostüm Dezimeter um Dezimeter den Schlammboden, unnötig zu sagen, ohne etwas zu finden. Danach geht man zurück und hält unterwegs einen Mofafahrer an, der sich als nicht allzu übel entpuppt und gewillt ist, bei sich zu Hause ein paar Schraubenzieher zu holen. Diese setzt man zwischen Fensterscheibe und oberem Gummifalz an und beginnt zu hebeln. Bei einem älteren Wagen geht die Scheibe nach einer Weile ein wenig herunter, aber meiner war noch kein Jahr alt, so daß wir um den Preis etlicher Kratzer und Lacksplitter nur dreiviertel Zentimeter Luft bekamen. Sodann versucht man, mit einem Stück Draht den Fensterkopf hinunterzudrücken, und fummelt so eine halbe Stunde lang weiter — ohne Erfolg, denn um die Ecke herum kann man ja keine Kraft anwenden. Anschließend kommt der inzwischen in Rage geratene Mofafahrer auf die Idee, mit einem langen Gegenstand durch den Schlitz den Knopf des gegenüberliegenden Fensters zu erreichen.

Da kein geeignetes Instrument vorhanden ist, begibt man sich auf dem Rücksitz des Mofas zur Steinfabrik, in der der Fahrer zufällig arbeitet; vor Kälte bis aufs Mark versteinert, verübt man zu zweit einen kleinen Einbruch und findet einen Eisenstab, der — über dem Daumen gepeilt — weder zu kurz noch zu dick ist. Damit ist beim ersten Anticken der Knopf unten und das Übel behoben. — So, jetzt wissen Sie auch, wie man ein Auto knackt.

Ich dankte meinem Retter und belohnte ihn reichlich. Er war noch so nett, den Stab mit nach Hause zu nehmen, um ihn am Tage darauf wieder abzuliefern. Im Auto lag eine himmlische, trockene Hose. Ich warf das ganze nasse Zeug auf den Rücksitz und fuhr nach Hause, wobei ich barfuß auf Kupplung, Bremse und Gaspedal trat — genau wie an wärmeren und glücklicheren Tagen an der Côte d'Azur.

Bei meiner Heimkehr lag das Haus im Dunkeln, denn Frau und Kind waren auf Urlaub an der See. Der Rest ist leicht zu erraten: Auch der Hausschlüssel war an dem verlorenen Ring. — Ein Einbruch in das eigene Haus hat den Vorteil, daß man trotz des vielen Lärms,

beispielsweise beim Einschlagen des Küchenfensters mit dem Gewehrkolben, selten erwischt wird. Ich stieg durch die kaputte Scheibe in die Küche und von dort in ein wohltuend heißes Bad. Die Erkältung ließ sich dadurch nicht aufhalten, sie war schwerer als je zuvor. Und das alles wegen eines einzigen Loches im Klauenballen einer Hundepfote.

P.S.

Die Schublade des Schreibtisches und die diversen Schränke, die ebenfalls verschlossen waren, hat der Schlüsselkönig unserer Stadt innerhalb einer halben Stunde geöffnet — allerdings erst drei Tage später, Könige sind ja sehr beschäftigt.

II

Ein paar Wochen danach hatte ich ein Abenteuer, das noch besser ausging. Es war ein früher Samstag im September. Da sogar in unserer Wohlstandsgesellschaft einige Streber meinen, auch am Samstag unbedingt arbeiten zu müssen, konnten wir zu dritt nicht vor zwei Uhr mit der Hühnerjagd beginnen. — Schönes Gelände, kein Ackerbau, also kein Gift; unter unseren Füßen Sandboden, Unkraut, Kamille, Margariten in der zweiten Blüte, Brenn- und Taubnesseln, rotstengelige Buchweizenblumen und Gräser aller Art. Ein verlorenes Waidmannsparadies, wo es noch reichlich Rebhühner geben sollte, was heutzutage etwas ganz Besonderes ist. Beim ersten Anstand flog schon gleich eine starke Kette hoch, mindestens sechzehn Hühner. Nur der Schütze, der flankierte, konnte sich zweimal lösen. Zwei Hühner himmelten und fielen dann wie Steine auf die Erde. Dasselbe wiederholte sich hundert Meter weiter. Wir paßten auf, wo die hochgemachten Ketten wieder eingefallen waren, damit wir beim nächsten Trieb darauf stoßen konnten.

Langsam aber sicher nahm die Strecke zu, hier ein Einzelschuß, dort eine Doublette, und schließlich kam, was man Jägerlatein nennen könnte: Aus einer zurückgetriebenen Kette wurden mit einer Doublette vier Rebhühner geschossen, zwei direkt und zwei, die kurz danach tot aus der Kette fielen. — Ein Viererschuß!

Der Nachmittag ging zu Ende. Ab und zu fielen ein paar Tropfen aus der sich dunkel färbenden Wolkendecke, der Wind frischte auf. Eigentlich ein Tag, an dem man keine gute Rebhühnerstrecke erwarten würde. Gegen halb sechs waren wir wieder an unserem Ausgangspunkt. Wir hatten das Feld praktisch zweimal durchstreift, das heißt, eine Menge Kilometer zurück- gelegt, und wir spürten es an den steifen Waden.

Die Strecke wurde gelegt, eine lange Reihe Vögel, die Köpfchen mit dem Schnabel nach unten gebeugt, ein immer wieder rührender Anblick. Eigentlich wollte ich mich jetzt trollen, denn ich erwartete an jenem Abend Besuch, aber der Jagdherr hatte noch eine kleine Über- raschung für uns: ein paar verlassene Baggerlöcher, wo diesen Sommer keine Touristen gewesen waren und wo es, wie es hieß, einen erstklassigen Entenstrich ge- ben sollte. Ich ließ mich überreden, besonders da man mit meinem Hund rechnete. — Hätte ich es nur nicht getan!

Wir fuhren hin.

»Hast du ein Boot?« fragte ich unterwegs, denn ich kannte diese Löcher, »oder wie hast du es dir vorge- stellt?«

»Erst einmal sehen«, meinte der Jagdherr, »manchmal ist der Strich zum Wasser hin, dann fahren wir am be- sten, oder aber vom Wasser landeinwärts, dann stellen wir uns eben an Land auf.«

Als wir ankamen, fluchte er aus Herzensgrund: Am Rande der Enten-Traumwelt — mehrere ineinander übergehende Wasserflächen, umringt von kleinen Dämmen, Schilf, Erlen- und Pappelbäumchen — stan- den vier kaum zu übersehende Gestalten. Sie fischten. Natürlich waren die Enten spurlos verschwunden. Aber, nun ja, wir waren nun einmal da. —

Es hatte allerdings keinen Zweck, hier einen eventuel- len Strich abzuwarten, solange die Fischer an der Was- serkante von den allessehenden Entenaugen ausharr- ten. Also entschlossen wir uns, ins Boot zu steigen. Das Boot war in einem wahrhaft romantischen Bootshaus versteckt; es hatte ein Wellblechdach, stand auf Pfäh- len zwischen dem Schilf und war nur über einen eben- falls auf Pfählen ruhenden Steg zu erreichen. Das hieß, zehn Meter lang Balance halten auf alten, glitschigen Brettern. Der Regen wurde immer stärker.

Nachdem das rostige Vorhängeschloß aus Opas Zeiten mühsam aufgeschlossen worden war, ließen wir uns ins Boot hinab. Es war ebenso rustikal wie die Hütte, den- noch leider nicht besonders robust. Das Wasser im Boot — es stand etwa einen halben Meter hoch — wurde vom Jagdherrn und dessen Neffen mit Bravour ausgeschöpft. Ohne große Hoffnung verließen wir das Schilf und steuerten auf das offene Wasser zu. Viel- leicht würden wir drüben mehr Glück haben.

Vorläufig geschah gar nichts, außer daß das Wasser unaufhörlich durch die Fugen im Bootsrumpf ein- sickerte, was der Bootsbesitzer jedoch als normal, also keineswegs alarmierend abtat.

»Außerdem ist das Wasser hier flach«, sagte er ermuti- gend, »wenn das Boot sinkt, kann man immer noch zum Ufer zurückwaten.«

Wir ruderten weiter, soweit wie möglich fort von der Fischern. Bei der Einfahrt ins nächste Baggerloch hat- ten wir mit großen Büscheln Wasserrosen zu kämpfen, die sich immer mehr um die Ruder wickelten, so daß der Jagdherr schließlich einen Bootshaken ergriff, der er fortan zum Staken benutzte. Auf der äußersten Spit- ze des Vordersteven wankte die Hündin und drohte, bei jedem kräftigen, aber nicht direkt fachkundigen Stoß, der das Boot gefährlich schaukeln ließ, über Bord zu fallen. Außerdem bedurfte es jedesmal eines so gewaltigen Ruckes, um den Bootshaken wieder aus dem Schlamm zu ziehen, daß das Boot immer wieder stillag. Alles in allem schien es ein ziemlich aussichts- loses Unternehmen zu sein, besonders da anfangs keine Ente einfiel oder aus dem Schilf aufstieg.

Hubertus muß aber vom Himmel aus wohl mitleidig auf uns herabgeblickt haben, denn aus einem kleinen Schilfdickicht, an dem wir gerade vorbeifuhren, wur- den dann doch fünf schnatternde Enten hoch. Sogar der Schiffer hatte noch Zeit, seine Flinte zu packen, zu entsichern und zu lösen. Jedenfalls fielen die Enten al- le fünf ins Wasser, drei tot, zwei tauchend. Nach dem Knall schien die Entenhölle — oder vielmehr der En- tenhimmel — los zu sein. Von allen Seiten strichen die Schoofe, Dreier-, Fünfer-, Siebenerschoofe. Wir schos- sen und luden und schossen, wie ich es selten erlebt ha- be. Als es vorbei war, begannen wir die Strecke einzu- sammeln, zunächst dreißig Enten. Eine Anzahl tauchte noch, und von ihnen brachte meine Chesshündin* — nach etwa zehn Fangschüssen — noch fünfzehn herein, eine bemerkenswerte Leistung, worüber die anderen Schützen des Lobes voll waren.

An einer kleinen ebenen Uferstelle legten wir kurz an, um uns zu verschnaufen und das Boot leer zu schöp- fen. Eine Zigarette, einen Schluck aus dem Flachmann, und eine Viertelstunde später fuhren wir in das letzte Baggerloch hinein, das übrigens scheußlich weit von den Autos entfernt war. Es wurde schon ganz schön dunkel. Mit leisem Unbehagen dachte ich an die Mie-

*Britische Jagdhundrasse. Chesapeake Bay Retriever.

ne, die meine liebe Gattin aufsetzen würde, denn der Besuch mußte jetzt jeden Moment eintreffen.

Auf den ersten Blick sah es so aus, als gäbe es hier nun wirklich nichts mehr zu erleben. Vor uns erstreckten sich das grüne Land und die graublaue, spiegelnde Wasserfläche. Ich bat darum, mich verabschieden zu dürfen, aber der Jagdherr sagte:

»Warten wir doch noch einen Augenblick ab, hier streichen sie oft früh.«

An einem überhängenden Schilfstreifen gingen wir in Deckung, und da begann es von neuem. Zuerst kam eine Schnepfe aus dem Schilf. Ich schoß: daneben. Nach dem Knall wurden wieder von allen Seiten Enten hoch, von denen die meisten gefehlt wurden. Ob es nun aber junge, unerfahrene Tiere waren, die direkt zu ihrer Geburtsstelle wiederkehren wollten, oder ob inzwischen ein Abendstrich nach diesem Baggerloch entstanden war, jedenfalls strichen fortdauernd Enten, die einfallen wollten. Hier ein Zehnerschoof Krickenten, dort ein Schoof Löffelenten, dann wieder erwachsene Wildenten oder Rotköpfe usw., usw. Erst drei Viertelstunden danach wurde es weniger, und wir mußten sowieso

aufhören, und wenn es nur wegen der Dämmerung und der Nachsuche war.

Inzwischen hatte natürlich keiner an das Boot gedacht, das tiefer und tiefer gesackt war, so daß jetzt schleunigst Wasser geschöpft werden mußte, besonders da die schwere Ladung Enten das Boot noch zusätzlich belastete und der Bootsrand sich jetzt schon ungefähr in gleicher Höhe mit dem Wasser befand. Solange wir uns nicht bewegten ging es noch gut, als meine Hündin aber wieder einmal mit einer Ente im Fang an Bord klettern wollte, kenterte das Boot — mit Würde übrigens, wenn man die Verwünschungen der Insassen außer acht läßt. Der Jagdherr gurgelte, sein Neffe fiel rücklings ins Wasser, und ich selbst saß auf dem Achterdeck und fühlte die Bretter langsam sinken, bis der Bug des Bootes sich hoch über die Wasserfläche erhob. Nach wenigen Sekunden standen wir bis zum Halse im Wasser. Jeder von uns hielt seine Flinte krampfhaft über dem Kopf, und unsere Versuche, auch noch unsere Patronen und sonstigen Habseligkeiten zu retten, hätte man komisch nennen können, wäre uns nicht eher nach Heulen zumute gewesen. Nun war natürlich

der »Misthund« an allem schuld, was uns aber auch nicht weiterhalf. Im Dunkeln versuchten wir noch eine Weile, das Boot aufzurichten und leer zu schöpfen. Mit einem Paddelboot läßt sich das machen, aber bei einem ausgewachsenen Ruderboot ist es, dazu mit einer Flinte in der Hand, gar nicht so einfach. Die erlegten Enten trieben überall um uns herum, aber wir schenkten ihnen keinerlei Beachtung. Die Entfernung bis zum Ufer war über sechzig Meter.

»Können wir von hier aus an Land waten?« fragte der Neffe.

»Es muß gehen«, antwortete sein Onkel zitternd und wischte sich eine Strähne Wasserpest von den Lippen, »es ist hier nirgendwo tiefer als gut einen Meter.«

Na ja, letzteres hatten wir schließlich von Anfang an gewußt. Während wir zum Ufer planschten, ging dieser oder jener von uns gelegentlich so tief unter, daß wir glaubten, er würde nie wieder zwischen den Wasserrosen auftauchen. Die einzige, die es nicht so tragisch nahm, war meine Hündin. Sie schwamm brav neben mir her mit zwei Krickenten im Fang, die sie mir wiederholt überreichen wollte — gleich zwei mit einem Mal hatte ich ihr bisher nie beibringen können!

Nach dem Inferno aus Schilf, Wasserrosen, Schlamm und unvorstellbarer Erschöpfung erreichten wir das Ufer. Es war jetzt finsterste Nacht, und Fußwege gab es am Ufer keine, so daß wir uns auf gut Glück durchtasten mußten und schließlich von Brombeeren und Stacheldraht übel zerkratzt bei den Autos ankamen.

Ich eilte nach Hause, sprang in die Badewanne und schaffte es gerade noch, die Gäste zu empfangen, als ob nichts gewesen wäre.

Am Morgen darauf haben wir mit Hilfe eines Schlauchbootes, das ich vor Jahren einmal gebraucht für die Kinder gekauft hatte, das Ruderboot gehoben. Es gibt dort wenig Ratten und keine Wilddiebe, so daß wir schätzungsweise die vollständige Strecke, wenn auch leicht ramponiert, einsammeln konnten. Mit dem Ruderboot im Schlepp und dahinter an die hundert Bein an Bein festgebundenen Enten paddelten wir, Schilf und Wasserrosen möglichst meidend, zum gemütlichen Bootshaus zurück.

Es war ein wunderschönes Wochenende!

Auf dem Entenstrich

Nachsuche

Das eine Mal denkt man: Dieser verflixte Hund! Das geschieht meistens, wenn so ziemlich alles daneben geht, worauf man seinen treuen Vierfüßler ansetzt — selbstverständlich vor den kritischen Augen einer großen Anzahl von Jägern und Treibern. Und — siehe da! — ein anderes Mal läuft es wie geschmiert.

Es war wieder einer der sonnigen Herbsttage, mit denen wir in jenem Jahr fast übertrieben verwöhnt wurden. Die Morgensonne machte Reif und Nebel schnell den Garaus, die Landschaft entfaltete sich wie ein Gemälde des neunzehnten Jahrhunderts — in strahlender Schönheit. Bald knallten die Schüsse. Nach dem ersten Treiben wurde noch nicht nach der Hündin gerufen, es war auch erst ein Kaninchen hereingekommen, die übrigen Schützen gaben demütig zu, gefehlt zu haben. Nach dem zweiten Treiben erklang aber das übliche Signal. Ich eilte hin: Ein Fasanenhahn war geflügelt worden und in ein Feld mit Setzlingen der amerikanischen Roteiche geflüchtet. Ringsum junge Douglastannen und hohes Silbergras. Meine Hündin ist beim Buschieren nicht besonders schnell, und die Rufe und Anweisungen begeisterter Treiber verwirren sie manchmal. Diesmal aber nicht: Die Nase am Boden, und schon spurtete sie davon. Zwei Minuten später flattert am anderen Ende der Kultur — die Entfernung ist ungefähr 500 Meter — der Hahn hoch, und die braune Schnauze packt zu . . . Bitte sehr! Dies wiederholte sich an dem Tage zweimal. Ich konnte es selbst kaum glauben. So macht die Nachsuche erst richtig Freude, meistens ist sie eher eine frustrierende Aufgabe, weil Schrotzeichen nur allzuoft bloße Einbildung der Jäger sind, die darin noch bestärkt werden von wohlwollenden Bemerkungen der Treiber: »Er hat Schuß!«

Um halb fünf war es wieder einmal soweit: Ein geflügelter Fasanenhahn war in ein Gelände gefallen, das in einer Ausdehnung von einem halben Hektar mit Ginster, Heide und Brombeerdickicht bestanden war. Lei-

der hatten schon zwölf Mann das Gelände einmal durchstreift, ehe ich ankam, denn ich hatte dorthin einen langen Weg zurückzulegen. Die Hündin nahm Wind auf und lief an der höherliegenden Seite der Parzelle entlang, die in einer scharfen Spitze zwischen zwei Sandwegen endete. Diese Ecke war über und über mit mannshohen Brombeerbüschen bewachsen. Die Hündin machte zwei Bogen um das Dickicht ehe sie resolut in die dornigen Ranken eintauchte. Man fragt sich, wieso Hunde keine Stacheln in Ohren und Füßen abbekommen, aber Chesses* sind stahlhart. Meine Hündin wühlte sich unter den knackenden, brechenden Zweigen durch, immer heftiger mit der Rute wedelnd. Wie ein Kaninchen schoß der Hahn hervor, rannte quer

*Britische Jagdhundrasse. Chesapeake Bay Retriever

über das angrenzende kahle Feld und mit einem Schlenker wieder in Deckung. Die Hündin saß noch unter den Brombeerbüschen. Leider lief die Meute hinterher, und als wir die Stelle erreichten, wo der Fasan ins Gebüsch geschlüpft war, war alles dort bereits zertreten. Wir durchkämmten das Gelände noch eine Viertelstunde, bis der Jagdleiter wegen der hereinbrechenden Dunkelheit den Befehl gab, mit einem letzten Treiben den Rückweg anzutreten. Ich wollte es nicht darauf beruhen lassen und blieb zurück. Der Fasanenhahn mußte herein. Diesmal unter Wind angepirscht: nichts! Die Hündin war nach dem langen Tag müde und tat gerade noch, was ich von ihr verlangte, aber sie tat es ohne Passion. Noch einmal setzte ich sie auf das Geläuf an, das aus dem Brombeergebüsch führte und über einen Umweg wieder hinein: keine Reaktion. Inzwischen waren mehr als drei Viertelstunden vergangen. In der Ferne wurde noch eine Menge Wild gestreckt, zumindest an den Schüssen gemessen. Auf dem Feld vor mir befanden sich dreißig Kaninchenbaue. Einer von ihnen begann an einem kleinen Graben, der für Hundeschultern zu schmal war und über dessen Rand langes Gras wucherte. — Genau die richtige Stelle für einen kranken Fasan. — Ich drückte die Nase der Hündin darauf. Sie steckte den Kopf tief in den Graben und markierte deutlich. Wie ein Mensch überlegte sie, daß zuerst der Graben verbreitert werden mußte. Auf beiden Seiten flogen die Erdklumpen davon, bis sie den Bau erreicht hatte. Dort grub sie in rasendem Tempo weiter. Zum Glück warteten keine ungeduldigen Zuschauer mit überflüssigen Bemerkungen auf: »Ach, Mann, der Hund ist bloß hinter einem Kaninchen her!« Mit Mühe, denn sie ließ jetzt nicht mehr ab, zog ich die Hündin einen Augenblick hoch und fühlte, die linke Schuler tief nach unten gebogen, soweit ich nur konnte in die Höhle in der Hoffnung, vielleicht eine Schwanzfeder zu fassen zu bekommen. Es gelang mir aber nicht. Die Hündin wartete keuchend und sandbedeckt und löste mich sofort wieder ab. Weiter ging die Arbeit. Schließlich hatte die Hündin sich ganz in die Höhle eingeschlieft; unten im Graben war nur noch die Spitze ihrer Rute zu sehen.

Aber unser Fleiß wurde belohnt. Endlich kam sie, vorsichtig rückwärts gehend, zum Vorschein. In ihrem Fang hielt sie den Fasan.

Sehen Sie, Freunde, das ist etwas, wofür ich auf das letzte schöne Treiben und auf eine Menge andere dazu gern verzichtete.

Der Schwarze
von
Alckenschoten

Rehwild

Ein Julimond wie ein vollfetter Goudakäse hat mir eine halbe Nacht lang den Schlaf geraubt. Wenn um viertel vor vier der neue Tag graut, hat Morpheus mich so fest in seinem Griff, daß es Mühe kostet, die schweren Augenlider zu öffnen und mich aufzurichten. Ich habe im direkt hinter dem Hochsitz abgestellten Auto geschlafen, dafür sind diese Karavans prima.

Der Wald ist in Bodennebel gehüllt. In der Ferne kräht ein Hahn. Ein vereinzelter Fink beginnt zu schlagen, aber es ist nicht mehr der aggressive Vogelruf, von dem die Mai- und Junimorgen erfüllt sind. Nur die Tauben gurren ununterbrochen, ansonsten ist es totenstill. Die Luft ist würzig und herb. Die Hündin lasse ich im Auto; sie ist faul genug, um das ohne Murren hinzunehmen, und schaut dösig hinter mir her.
Zwei Patronen gleiten ins Magazin, die dritte in die Kammer. Behutsam schleiche ich zum Hochsitz am Rande des Kahlschlages. Von oben sehen die Farne viel grüner aus. Es ist auch heller geworden. Jetzt ziehen nur noch gelegentlich Nebelfetzen zwischen den Baumstämmen. Mal ist die Sicht gänzlich verdeckt, und im nächsten Moment ist alles wieder ziemlich klar, so daß man den dunklen Saal, den der Wald vor einem bildet, nach Rehwild absuchen kann.

Eine halbe Stunde vergeht; nichts zu sehen. Noch eine halbe Stunde. Die Zeit ist ein unwesentlicher Begriff geworden; es spielt auch keine Rolle mehr, wie oft ich hier schon gesessen habe: fünfmal oder zehnmal?
Plötzlich huscht von links, nicht weiter als zwanzig Gänge von mir entfernt, ein orangefarbiger Schatten geräuschlos in die Lichtung hinein. Ein Bock, und was für einer! Ein prächtiger Sechsender ohne Muffelflecken oder Brille. Dreijährig? Die Finger davonlassen, scheint mir. Von Zeit zu Zeit trollt er ein kleines Stück und verhofft zwei- oder dreimal in den für einen

Schuß denkbar günstigen Positionen. Aber ich denke nicht daran zu schießen. Dieser prachtvolle Bursche muß für die Brunft erhalten bleiben. Außerdem hält er offensichtlich nicht viel von einem längeren Aufenthalt in der Lichtung. Er ist rege, schließlich bleibt er keine zwei Sekunden mehr am selben Fleck und verschwindet nach fünf Minuten dicht unter mir vorbeiflitzend in den Wald. Dabei schreckt er dumpf: »Bö, bö!« wie ein piquierter besserer Herr, der es für selbstverständlich hält, daß Gisela auf ihn wartet und nicht er auf sie.

Also wieder warten, wieder diese Stille. Ab und zu klappert ein balzender Täuberich über den Baumwipfeln, der Höhe gewinnt für seinen Gleitflug, während sein Täubchen unter ihm zu fernen Getreidefeldern fortfliegt. — Ich frage mich immer, wo der Schöpflöffel voll Weizenkörner vom Vortage geblieben ist.
Der Kampf zwischen Nebel und Wärme wird, wie das im Sommer zu erwarten ist, allmählich von der Sonne entschieden. Stunden später — es scheinen Tage vergangen zu sein — steht wieder ziemlich überraschend an der gegenüberliegenden Seite der Lichtung ein anderes Stück, nicht so rötlich diesmal, eher orange-gelb. Ob es der Knopfbock ist, der hier seinen Einstand haben soll? Es sieht wie eine Ricke aus, zieht unbekümmert zur Äsung zwischen den jungen Roteichen, den Rumpf bis zum Widerrist in den Schmielen. Nach einer Weile kommt es etwas näher. Zwischen den Lauschern scheint sich eine Unregelmäßigkeit abzuzeichnen. Nach langem Spähen — wie schwierig kann das Ansprechen sein! — lassen sich mit einiger Fantasie zwei dünne, nur wenige Zentimeter hohe Stummel erkennen. Also doch der Knopfbock. Noch einmal zieht das Stück ein wenig schräg aufwärts, kommt so noch etwas näher.
Dann aber bin ich sicher. Das Fadenkreuz konzentriert sich aufs Blatt, und der Schuß peitscht durch den sonnigen Morgen. Das Stück springt in hohen Fluchten

zwischen den Bäumen im Hintergrund ab, umkreist mit sicherem Geschick einen dichten Strauch, schlägt noch einen Haken und wird vom Farnkraut verschluckt.

Kein Jäger, dem es in einem solchen Augenblick nicht kalt über das Rückgrat rieselt. Gefehlt! Eine so sichere Chance verpaßt? Sah die erste Flucht wirklich so aus wie der Sprung eines Pferdes, das mit einem Peitschenhieb in Bewegung gesetzt wird? Niedergeschlagen und doch mit erwartungsvoll klopfendem Herzen gehe ich zum Anschuß. Eigenartig, wie man im Unterbewußtsein alle so gänzlich verschiedenen Düfte des sommerlichen Waldes wahrnimmt, schließlich hat man anderes im Kopf.

An Ort und Stelle: Fehlanzeige! Oder liegt dort ein Stückchen Lunge? Es gibt einen Pilz, der genauso schwammig und mattrosa aussieht. Zwischen den Fingern erweist es sich dann als Lunge, und ein kleines Stück weiter liegt noch ein Fetzen und auch etwas Schweiß. Aber nun hole ich erst die Hündin, denn die Farne dahinten sind mir zu dicht.

Meine Hündin Diana läuft im Kreis um den Anschuß, prellt wie toll vor, verliert in ihrer Ungeduld nach dem langen Warten natürlich die Fährte, nimmt dann endlich ruhig Wind und taucht in die Farne unter. Zu meiner unbeschreiblichen Freude erkenne ich an den Bewegungen des Farnkrauts, daß sie stillsteht und ihre Rute kreisen läßt, ein altbekanntes Zeichen, daß sie gefunden hat, was sie suchte.

Das Reh, tatsächlich ein Knopfbock mit zwei kümmerlichen Mißbildungen zwischen den Lauschern, liegt mausetot da; der Schuß sitzt drei Zentimeter hinter dem Blatt. Wie ist es bloß möglich, daß ein Lebewesen damit noch fünfzig Meter weit fortläuft?[1]

Als ich alles verladen habe, ist es halb sieben. Um sieben soll ich mich an der vereinbarten Stelle mit Rien treffen, denn heute geht die Entenjagd auf.

Ein Mensch muß schon irre sein, um alles an einem Tag machen zu wollen, aber versprochen ist versprochen. Ich liefere den Bock an der Jagdhütte ab; den hole ich mir heute abend.

[1] Laut Dr. van der Wall ist ein Stück nur dann auf der Stelle tot, wenn die durch die Explosion ausgelöste Erschütterung über die großen Blutgefäße direkt zum Gehirn weitergeleitet wird. In allen übrigen Fällen bewegt das Stück sich noch ein paar Meter von der Stelle (siehe Ned. Jager Nr. 17, 15, Aug. 1964).

Nach anderthalb Stunden Fahrt befinden wir uns in einer ganz anderen Welt: in der Welt des Rieds und des Wassers, der überfluteten Felder mit verkrüppelten Erlen auf federndem Boden. Das Boot wird, wie in anderen Jahren auch, von einem echten Sohn dieses weiten Landes mit der Stange[2] gefahren. Er spricht einen zuweilen unverständlichen Dialekt.

Die Enten kommen herein, weniger zahlreich, als uns versprochen worden war, aber es ist ein einmalig schöner Sommertag, so daß mir das ziemlich egal ist; wir sind Könige in unserem Eintagsreich.

Gegen Mittag legen wir an, um ein Butterbrot zu essen und ein kleines Nickerchen zu machen. Bevor wir im hohen Gras einschlummern, reden wir über Rehwild. Ob hier auch Rehe stehen?

»Aber gewiß doch, mindestens zwanzig.«

Unser Begleiter nennt die Rehe der Einfachheit halber Hirsche. Unsere Versuche, ihn zu verbessern, quittiert er mit einem gläsernen Blick.

»Jetzt dürfen wir sie nicht mehr schießen, aber vor wenigen Jahren habe ich hier noch vier Hirsche erlegt.«

»Ricken oder Böcke?«

Darauf hätte er eigentlich nicht geachtet, der eine hätte wohl ein Paar Hörner auf dem Kopf gehabt, aber sonst verstünde er nichts davon. Zuerst hätte er es aus 100 Meter Entfernung mit Brenneke-Geschossen versucht; als das mißlang, hätte er mit Schrot zweimal eine Doublette gemacht. Die Köpfe hätte er eingegraben und das Fleisch an Nachbarn und Bekannten verkauft.

Sagenhaft, diese Typen, die den Höhlenmenschen noch die Hand reichen könnten. Von dem bis auf die zweite Dezimalstelle errechneten Abschußplan haben sie noch nie etwas gehört, und diese Ignoranz dürfte in den simplen Herzen eine heilvolle, infarktverhütende Ruhe erzeugen.

II

Um viertel vor fünf steht eine Ricke mit einem Kitz direkt unter mir. Das junge Reh hat die weißen Flecke auf dem Rücken verloren und beginnt sich bereits rötlich zu verfärben. Es läuft ein paarmal unter der untersten Sprosse der Kanzelleiter durch, richtet sich auf die Hinterläufe auf, um ein tiefhängendes Blatt meiner Buche zu beschnuppern und gesellt sich mit ein paar

[2] Stechkahn

Quersprüngen wieder zu seiner Muter, die inzwischen, hier ein Blatt, dort einen Grashalm knabbernd, ein Stück weitergezogen ist. Abgesehen von den laufend eingeschobenen Pausen, in denen sie verhoffend zur Statue erstarrt, bleibt sie nirgendwo länger als wenige Sekunden.

Auf dem Kahlschlag ist die gesamte Vegetation mit funkelnden Tautropfen behangen, in denen sich die Strahlen der aufgehenden Sonne brechen und in alle Farben des Spektrums auflösen. Das Unterholz muß triefend naß sein, und der zweijährige Sechsender, der geräuschlos von hinten zugewechselt ist (er hält sich hier jeden Morgen mit der Regelmäßigkeit eines Uhrwerkes eine halbe Stunde auf), sieht denn auch aus wie ein begossener Pudel. Die Haare stehen ihm quer vom Körper ab, und er schüttelt sich ein paarmal kräftig. Anscheinend hat er eine beträchtliche Strecke durch Wald und Flur zurückgelegt, obwohl die Blattzeit so gut wie vorbei ist. Vielleicht spielt er hier und da auf den Kahlschlägen noch ein wenig den Don Juan, jetzt, wo die älteren Herrscher sich allmählich zurückgezogen haben, um sich im dichten Unterholz von der schweren Arbeit zu erholen.

Nachdem er eine Weile in seinem Frühstück herumgestochert hat, trollt er plötzlich auf die Ricke zu. Das Kitz springt ehrfurchtsvoll zur Seite — wer weiß, was so ein Kitz schon alles gesehen hat —, aber die Ricke wendet sich ab, und der Bock bemüht sich nicht weiter. Es sind nur noch die letzten Zuckungen des Paarungsspiels, dem das Erlöschen der hormonalen Reize den Elan genommen hat.

Unglaublich faszinierend, dieser Wald mit seinen roten, orangenen und gelben Bewohnern. Ein jeder hat seinen eigenen Platz, seine eigene Deckung, eigene Wechsel, eigene Fluchtgebiete. Und wie mysteriös verhält es sich mit dem Austreten! An einem Tag ist jedes Stück auf den Läufen, sieht man mit Sicherheit in einer der sechs Waldparzellen Rehwild. An einem anderen Tag bleibt das Wild heimlich; zwei geschlagene Stunden lang kann man herumkutschieren, ohne mehr zu sehen als ein hastig abtrollendes Stück, das unansprechbar bleibt, als handele es sich um einen Irrtum. Das Jagdrevier scheint leer zu sein, der Wald wirkt wie ausgestorben. Sämtliche Tiere wurden von einem undefinierbaren aber unwiderstehlichen Drang genötigt, sich niederzutun. Der Drang war so gebieterisch wie die Stimme, die im Märchen alle Waldbewohner zu einem im tiefsten Wald versteckten Sammelplatz ruft, um einem Hexensabbat beizuwohnen.

Die Ricke liegt jetzt wiederkäuend mitten auf dem Kahlschlag in der warmen Morgensonne. Das Kitz ist nicht mehr zu sehen. Ein Sechsender ist in einer Dickung junger Douglastannen verschwunden.

Nach drei Viertelstunden wird ein Vorhang vor die Sonne geschoben, und kurz danach beginnt es zu gießen. Vorläufig sitze ich noch trocken unter dem Blätterdach der mächtigen Buche, an der meine Kanzel festgenagelt ist, und ich kann es mir nicht verkneifen, noch ein wenig zu warten. Die Ricke steht auf und drückt sich in dieselbe Waldparzalle wie der Bock, und zwar ohne ihr Kitz . . . Wieder fesselt mich ein Rätsel der Natur: Wo ist das Kitz? Wie findet es später seine Mutter wieder? Ich schaue auf meine Uhr: Viertel nach sechs, Zeit genug, noch eine halbe Stunde zu bleiben und dann, nach dreiviertelstündiger Fahrt, vorbildlich früh mit der Sprechstunde zu beginnen.

Das letzte Mal, als ich jenen fürstlichen alten Bock hier mitten auf dem Kahlschlag stehen sah, war es auch nach sechs, allerdings lag das schon wieder acht Wochen zurück, im Juni war es und lange vor der Blattzeit.

Der Regen rauscht unaufhörlich. Aus dem Boden steigen dünne Nebelschwaden auf. Über mir höre ich die Regentropfen von Blatt zu Blatt fallen, jedesmal etwas tiefer. Aber eine ganze Weile werden die Tausende von Dachziegeln das Wasser noch ableiten — schätzungs-

nicht, nimmt keinerlei Risiko auf sich, verhofft minutenlang. Und dann verschwindet es mit einem einzigen Sprung; der Wald ist wieder leer. Verzweiflung macht sich in meinem Inneren breit, aber ich spähe weiter. Ein Regentropfen fällt auf das Fernglas. Ich wische es wieder blank und richte es erneut. Fünf Minuten vergehen. Soll es nach so vielen Morgen und all den Strapazen wieder einmal umsonst gewesen sein? Neben dem Buchenschlag befindet sich eine grasgrüne Eichendickung. Ist es der Wind, der in deren Mitte einen Zweig bewegt? Erneut beginnt mein Herz wie ein Schmiedehammer zu hämmern. Ein schwarzer Windfang wird sichtbar, reißt ein paar zarte Triebe herunter und verschwindet wieder. Zwei Minuten danach wiederholt sich das Schauspiel ein Stückchen weiter, und noch zwei Minuten später tritt der Bock halbwegs aus der Deckung auf den Sandweg. Ist es der Alte?

In fieberhafter Erregung taste ich mit dem Fernglas das Gehörn ab. Sechs Enden schimmern weiß auf langen, majestätischen Stangen. Aber die Entfernung, hundertfünfzig Meter, ist zu groß. Der Bock beginnt über den Weg zu ziehen, schräg auf mich zu. Um Treffsicherheit zu bieten, müßte er in den Kahlschlag überwechseln, doch das fällt ihm nicht ein. Nur noch wenige Gänge, und er würde von den schweren Ästen der Douglastannen links vor mir meinem Blick entzogen. Ich fiepe leise. Sofort sichert er eine ganze Weile auf mich zu, zieht dann weiter. Verzweifelt fiepe ich noch einmal, so verführerisch wie möglich. Da die Blattzeit vorbei ist, ist es lange nicht sicher, daß er darauf eingeht.

Aber es fesselt ihn doch, denn zu meiner unsäglichen Erleichterung wechselt er mit einem kleinen Hüpfer in den Kahlschlag über. Die Entfernung beträgt jetzt etwa hundert Meter. Die Stangen sind schwer geperlt; ich sehe auch Dachrosen. Wie ein Schüler wiederhole ich in Gedanken: Kein Muffel, Gehörnmasse unten, stark hervorstehender Stich . . . Darf ich? Darf ich nicht? Wieder steht er, auf mich zu sichernd, wie aus Bronze gegossen. Plötzlich dreht er sich um seine Achse und geht spitz ab.

Noch einmal übertönt das Fiepen das Rauschen des Regens. Der gelblich-orangene Körper macht wieder halt, wendet sich seitlich, und ich fasse den schwersten Entschluß dieser Saison, schultere die Büchse, bekomme

weise zwei Meter von meinen Knien entfernt. Fünfzehn Morgen und elf Abende habe ich hier gesessen, und die ganze Zeit hat der Alte sich nicht einmal blicken lassen. Ob der Lärm der wachsenden Touristenschar das Wild tiefer in den Wald hineintreibt, wo es die Stunden abwartet, in der die Pforten der Nacht sich weit genug öffnen, um ausreichende Sicherheit zu bieten?
Nochmals gleiten die Blicke über den Kahlschlag und den umgebenden Wald. Am anderen Ende beginnt ein Buchenschlag; das graue Licht des Regentages verliert sich in den Hohlraum zwischen den dicken Stämmen. Als ich das Fernglas bereits langsam weiter von rechts nach links schwenken will, stockt es plötzlich. Es ist beinahe, als ob es von jemandem dazu gezwungen würde. Ist das nicht ein orangefarbiger Fleck dort ganz hinten neben der buckligen Buche? Mein Herz beginnt zu pochen. Es ist die Rückseite eines Rehs, der vordere Teil des Rumpfes und der Kopf sind nicht zu sehen. — Warten, in bebender Spannung warten. Die Entfernung ist zu groß, um das Stück anzusprechen, aber das Hinterteil scheint jedenfalls betagt zu sein, mit einiger Fantasie sogar abgebrunftet. Das Stück rührt sich

das Blatt unter das Fadenkreuz und reiße Funken. Mit schier endlosem Widerhall rollt der Knall durch den Wald, und der Bock geht von den Läufen, als würden sie unter ihm fortgeschlagen. Regungslos bleibt er mit dem Rücken zu mir liegen. Nach einigen Minuten steige ich, am ganzen Körper zitternd, hinab und gehe vorsichtig zu ihm hin, knie neben ihm, streiche mit der Hand ehrfurchtsvoll über sein Gehörn, seinen spröden Rücken und seinen feuchten schwarzen Windfang. Sein Kopfschmuck ist noch schöner, als ich von der Kanzel aus zu hoffen gewagt hatte. Mit dem Zeigefinger taste ich die Reihe seiner Backenzähne ab, um sein Alter zu schätzen. Er ist, scheint mir, fünf Jahre oder älter. Ich gehe zum Auto, hole das Fürst Pleßsche Jagdhorn und versuche, ihn zu verblasen. Es klingt immer froh, weil das Instrument nun einmal für den Widerhall im Wald geschaffen wurde; diesmal ist es aber ein jämmerlicher Mißerfolg, und daran sind die Nerven schuld. Inzwischen regnet es nicht mehr. Als ich den Bock aufgebrochen habe und in den Kofferraum meines Wagens lege, scheint die Sonne bereits wieder aus einem wolkenlosen Blau. Die grünen Baumwipfel zeichnen sich scharf dagegen ab. Grün und Blau, das verträgt sich nicht, pflegte unser Zeichenlehrer früher zu sagen. Er hatte keine Ahnung.

III

Als ich vor Jahren in diesen Jagdverband eintrat, kannte ich die meisten Mitglieder schon längere Zeit. Ich wußte von dem Brauch, einen Neuling auf mehr oder weniger originelle Weise hereinzulegen, war also nicht unvorbereitet, und doch gelang meinen Freunden der Spaß. Und zwar wie folgt:

Ich holte den Jagdaufseher in seiner Wohnung ab, und wir fuhren gemeinsam zu der Hütte, wo er Mais für die Schweine holen sollte. Es war ein tropischer Samstag gewesen, von versengender Trockenheit und mit Temperaturen um 34 Grad Celsius. Jetzt wehte allerdings vom Meer eine kräftige Brise über Wald und Heide und fegte die heißen Luftmassen in großen Schüben fort. Man konnte die Luft wieder atmen, und langgezogene Wetterfähnchen zeigten eine kühlere Nacht an.

Wir sprachen — wie könnte es anders sein? — über die Böcke, die für den Abschuß in Betracht kämen.

»Bei der Hütte steht noch ein alter Spießer, den ich persönlich gern weghaben möchte,« sagte Evert, »aber der Jagdherr dort ist nicht so ganz dafür.«

Seine Augen waren von Lachfältchen umgeben, aber das war in dem offenen, sympathischen Gesicht keine Seltenheit, daher schenkte ich ihnen keine Beachtung. In der Hütte saß Arnold, der Jagdherr, mit einem Gast. Wir unterhielten uns eine Weile, bis er sagte: »Und nun hinaus mit dir, du bist sowieso spät dran, gleich wird es dunkel. Also Ausschau halten und ansprechen, wenn ich bitten darf!«

Ein väterlicher Ratschlag. — Er wollte mich allerdings auch loswerden, das war deutlich. Sicherlich wollten sie etwas miteinander besprechen. Wir stiegen ins Auto und fuhren davon. Everts Blicke gingen unaufhörlich von links nach rechts, und wir waren noch keine zweihundert Meter weit, als er meinen Arm fest umklammerte und mit verhaltener Spannung sagte: »Dort stand er!«

Wir waren an ihm vorbeigefahren, setzten unseren Weg noch ein wenig fort, parkten den Wagen am Wegrand und pirschten behutsam zurück. Am Ende einer dunklen Fichtendickung stand ein rotes Stück. Halb spitz nach hinten gekehrt sicherte es aufmerksam auf uns zu.

»Schießen Sie, das ist er! Ich kenne ihn aus Tausenden wieder.« Scharf ins Ohr geflüstert, bohrte sich der Befehl durch mein Trommelfell.

»Aber er steht so ungünstig, Evert, ich sehe das Blatt kaum!«

»Los, dies ist die Chance, zielen Sie auf den unteren Hals.«

Mein Herz pochte. Passion und die Enttäuschung, meinen ersten Bock unter solchen schlechten Voraussetzungen schießen zu müssen, kämpften in meiner Brust um die Oberhand. Ich zielte mehrere Male, ehe mein Schuß durch den Abend peitschte. Jetzt mußte das Stück zeichnen, abspringen, schwer stürzen, sich noch einmal umdrehen und tot liegen bleiben. Es geschah jedoch nichts. Aus siebzig Meter Entfernung sah der

Bock uns immer noch herausfordernd an. Ich mußte ihn vollkommen gefehlt haben. Verzweifelt und kreidebleich riegelte ich eine neue Patrone in die Kammer.

»Soll ich nochmal?« fragte ich verschämt.

»Lassen Sie nur,« antwortete der Jagdaufseher, »da kommt der Jagdherr schon.«

In der Hütte hatte man den Knall gehört und war ins Freie geeilt. Arnolds Stimme donnerte:

»Ich hatte, zum Teufel, doch gesagt, daß in der Nähe der Hütte nicht geschossen werden dürfe!«

Wir sagten nichts, zeigten in die Richtung des Bockes.

»Donnerwetter, das ist ja der alte Spießer! Na ja, der darf eigentlich wohl gestreckt werden,« sagte er und fügte mit einem höflich unterdrückten Lächeln hinzu: »Hast du gefehlt?«

Ich war ein Häufchen Elend. Wer wäre es an meiner Stelle nicht gewesen?

»Schieße jetzt lieber nicht mehr, er kennt mich zu gut. Er hat es jetzt wirklich verdient, noch ein Jahr umherziehen zu dürfen. Ich werde mir mal ansehen, in welchem Baum die Kugel steckt.«

Arnold betrat die Fichtendickung, klatschte in die Hände und rief: »He da, Alter, scher' dich fort!«

Der Bock blieb aber stehen. Er mußte Arnold tatsächlich sehr gut kennen. Ein später Sonnenstrahl malte einen Lichtflecken auf das Blatt des Stückes. Das herrliche Rot, Braun und Gelb formten eine Farbsinfonie unter den grauen Fichten.

Und dann war es soweit. Arnold ging auf den Bock zu, hob ihn auf und trug ihn zu uns zurück. Es war eine von Rien mit erstaunlicher Perfektion — Tiefenwirkung und allem — verfertigte »Pappimitation«.

Die Heiterkeit meiner Waidgenossen hielt sich noch im Rahmen. Zudem war der Spaß nicht nur inszeniert worden, um einen Anfänger hochzunehmen, sondern auch um ihn unter möglichst natürlichen Bedingungen einen Probeschuß abgeben zu lassen. Aber ich stand doch wie Pik-Sieben da. Ein Trost war, daß die Kugel den Bock an der einzigen in dieser Position erlaubten Stelle getroffen hatte. Die Prüfungskommission war sich einig, daß er innerhalb einer Sekunde das Zeitliche gesegnet hätte. Mir blieb überlassen, über eine Rache nachzusinnen.

IV

Während eines warmen Junimonats hatten meine Frau und ich uns in einem komfortablen Hotel einquartiert. Es wurde größtenteils von alten bis sehr alten Menschen bewohnt, die aneinander gelehnt oder am Stock mühsam über die Flure gingen. Zwischen halb zwei und vier Uhr war Mittagsruhe im Hause, zumindest wurde auf kleinen Tafeln darum gebeten. Es gab einen geräumigen Eßsaal mit kleinen Erkern und abgetrennten Ecken, in denen dem Verdauungsapparat Mäuseportionen anvertraut wurden, nicht ohne ausführliche Diätvorschriften.

Eines Tages brach während des Mittagsessens an einem der Tische eine alte Dame ohnmächtig zusammen. Sie befand sich in Gesellschaft ihres Mannes und ihrer Tochter, die zu Tode erschrocken neben ihr niederknieten. Ich stand hastig auf und ging hin. Es sah nicht gut aus, sie war leichenblaß, atmete kaum, und der Puls war nicht zu fühlen. Auf den ersten Blick ein Herzversagen. Meine Arzneitasche lag im Wagen, den ich vor dem Hotel abgestellt hatte. Ich rannte hin und fand zum Glück noch eine Ampulle Strophantin. Das einzige, was man tun konnte, war, dieses in die Armvene zu spritzen, obwohl ich die Überlebenschance der Frau für gering hielt. Doch siehe da, es geschehen noch Zeichen und Wunder: Nach fünf Minuten schlug sie die Augen auf, und eine halbe Stunde später brachten wir sie, noch schwach und zittrig, aber doch sichtlich erholt, zu Bett. Ich besuchte sie noch ein paarmal, und damit hatte es sich.

Der Vorfall führte zu einer näheren Bekanntschaft, und es stellte sich heraus, daß der Ehemann ein Richter im Ruhestand war und sein Schäfchen (und einiges mehr) ins Trockene gebracht hatte. Er bewohnte ein großes Gut, und das ganze Jagdgebiet in der Umgebung gehörte ihm.

Drei Jahre lang schickte er mir am Tage des Herzkollapses seiner Frau ein überschwengliches Dankesschreiben, das stets auch von seiner noch immer lebenden Gattin unterzeichnet war. Jedesmal lud er mich herzlichst zu einem Besuch ein, aber die Entfernung war groß, und es kam nicht dazu.

Der vierte Brief enthielt aber eine zusätzliche Attraktion.

»Ich habe einen sehr guten Gabelbock im Revier«, so schrieb der Richter, »und ich werde allmählich zu alt für das lange Ansitzen, denn im hiesigen Gelände ist die Rehwildjagd fast unmöglich. Ich war übrigens schon immer eher ein Waidmann fürs kleine Niederwild, und das jage ich nach wie vor gern. In den letzten Jahren ist der Rehwildbestand hier zu hoch geworden, so daß die Bauern sich beschweren, und nun müssen unbedingt ein paar Böcke erlegt werden. Sie sind herzlich willkommen und können bei uns wohnen, wann immer sie möchten.«

An einem Sonntagabend Anfang Juni traf ich für einen fünftägigen Urlaub ein. Am Morgen darauf um fünf Uhr machte ich in Begleitung des Jagdaufsehers eine Rundfahrt durch das Revier, um das Gelände kennenzulernen. Es war tatsächlich für die Rehwildjagd denkbar ungeeignet. Das Haus und die Nebengebäude standen auf einer Sandplatte, und direkt am Rande des kurzgeschorenen Rasens begann ein ungefähr hundert Hektar großer, sumpfiger Wald. Jenseits dieses Waldes erstreckten sich, soweit das Auge reichte, Wiesen und Feldparzellen, die von Weißdornhecken und Erlenreihen durchschnitten wurden.

Durch den Wald liefen ein paar sich rechtwinklig schneidende Wege, die jedoch nirgendwo auf das Grasland hinausführten. Außerdem gab es nur eine natürliche Lichtung, die mit Glanzgras bewachsen war und am quer durch den Wald fließenden Bach lag. Das Rehwild trat frühmorgens und spätabends auf das Ackerland aus; es standen an den betreffenden Stellen auch ein paar Hochsitze, aber die Feldarbeit und das Melken waren schuld daran, daß der Austritt immer nur im Halbdunkel erfolgte. Für die Fasanenjagd dagegen eignete das Gelände sich vorzüglich, und der Fasanenbestand war prachtvoll.

An jenem Morgen hatten wir das Glück, den Bock gleich zu Gesicht zu bekommen, der Jagdaufseher hatte natürlich auch gewußt, wo das Stück zu finden war. In einem Erlenbestand stand er zwischen dem Geißblatt und sicherte auf uns zu. Wir konnten ihn ansprechen: links noch Sechsender, rechts Gabler. Ein prächtiges Stück mit starkem Hals und noch halbwegs im Winterhaar. Aber bevor ich das Auto verlassen hatte, ging er, laut und tief schreckend, ab und bot uns keine Chance mehr.

Der Jagdaufseher stellte an jener Stelle des Weges eine Kanzel für mich auf, aber in den fünf Tagen meines Urlaubes flitzte der Bock nur noch einmal außer Schußweite vorbei, obwohl sich die ganze zur Verfügung stehende Zeit ansaß und jedes Mal zum Schluß noch lange und umsichtig durch die angrenzenden Schläge pirschte.

Ohne zum Schuß gekommen zu sein, verabschiedete ich mich, kam während der Blattzeit wieder und hatte wiederum keinen Erfolg. Ein paarmal fanden wir Hexenringe zwei- bis dreihundert Gänge von der Kanzel entfernt, immer im dichten Unterholz. Verschiedene Male war eine Ricke mit einem Kitz unter mir vorbeigezogen und zweimal ein junger Sechsender. Am letzten Tag schoß ich einen Knopfbock, aber der alte Bock zeigte sich nicht.

Im Jahr darauf kam ich wieder. Der Bock war wieder da, jetzt ganz Gabler, nach wie vor mehr als lauscherhoch. Er hatte seinen Wechsel über die kleine Lichtung am Bach. Die halbverfallene Kanzel dort war mit Hilfe einiger Bretter wieder gebrauchsfähig gemacht worden.

Am ersten Morgen schlich ich lange vor Sonnenaufgang zu meinem Anstand. Unter den Bäumen war es noch völlig dunkel. In dem Moment, als ich mich hinsetzte, wurde im Halblicht am Waldrand fünfzig Meter vor mir ein Stück Rehwild hoch und verschwand mit ein paar leichten Fluchten in der Deckung.

Obwohl ich mir rein instinktiv gleich bewußt war, daß der Bock mich beim Besteigen der Kanzelleiter genau beobachtet und aus seinen Wahrnehmungen eine Lehre gezogen hatte, wartete ich noch volle zwanzig Stunden auf ihn. Wider besseres Wissen, denn zu sehen bekam ich den Strolch natürlich nicht mehr.

Ich übernächtete in einer alten Gärtnerwohnung über der Garage, so daß ich morgens fortgehen konnte, ohne die Hausbewohner zu stören. Nachmittags schlief ich oder widmete mich meinen Fachbüchern, und jeden Abend baten meine Gastgeber mich zu sich und erwiesen sich als die nettesten Menschen, die man sich denken kann. Der Richter zeigte mir Jagdaufzeichnungen der vorigen Generation. Unbegreiflich, wie wenig Wild früher geschossen wurde! Die Tagebücher setzten sich aus einzelnen Sätzen wie beispielsweise diesen zusammen: »22. November. Mit Dieter und Heinz im Feld gejagt. Strecke: ein Hase und zwei Fasanenhähne. 1. Dezember. Mit dem Skatclub bei Janus gejagt. Strecke: drei Enten und ein Hase. 8. Dezember. Schnee. Mit Dieter und Heinz im Feld gejagt. Vier Treiber. Strecke: zwei Hasen, vier Kaninchen, ein Fasanenhahn. Heinz hat einen Fuchs gefehlt.« So ging es weiter. Ob sie damals weniger intensiv gejagt haben als wir? Wurde nicht gefüttert und gehegt? Gab es mehr Raubwild? Wieder reiste ich niedergeschlagen ab. Schließlich mußte ich die Brötchen verdienen, und mein »alltägliches« Jagdrevier beherbergte auch noch jagdbares Rehwild. Am 6. August wurde ich aber telefonisch verständigt: Der Bock trieb auf der Lichtung am Bach. — Von den Kollegen, die ich in aller Eile der Reihe nach anrief, war der fünfte bereit, einen Tag die Praxis zu übernehmen. Abends um elf — es waren drei Stunden Fahrt — kam ich zum so- und sovielten Mal an.

Diesmal hatte man einen schlauen Plan für mich ausgeheckt: Mit einer alten Jolle sollte ich den Bach hinunterfahren. Der Wind blies schon tagelang aus Südost, und das war genau, was wir brauchten. Am Morgen darauf um halb fünf paddelte ich mucksmäuschenstill mit der schwachen Strömung zur Lichtung.

Alles ging gut. Als ich zwischen den Bäumen die hellere Stelle im Wald näherkommen sah, ließ ich die Jolle treiben und bremste die Geschwindigkeit, indem ich mich an überhängenden Zweigen festhielt. Zehn Meter vor der Lichtung legte ich das Boot still, stand auf und spähte durch das Fernglas. Die Sonne ging gerade auf. Mein Herz hämmerte wieder wie ein Schmiedehammer, denn dort mitten auf der kleinen Weide lag ein Bock — mein Bock! Seine Gabeln zeichneten sich dunkel gegen das Grün des Grases ab.

Warten schien mir das Gebot der Stunde zu sein, die Ricke müßte bald kommen, und wenn der Bock hoch-

würde, sollte es geschehen. Geräuschlos brachte ich die Jolle fünf Meter näher an den Waldrand; wenn ich die Zweige losließ, ergab sich das von alleine. Ich wickelte ein paar Wasserpflanzen um eine Ruderpinne und sah wieder nach dem Bock. Fiepen oder nicht fiepen? Ob dieser Schlaumeier nicht sofort zwischen meinem unbeholfenen Laut und dem einer echten Ricke zu unterscheiden wüßte? Lange brauchte ich nicht zu überlegen, denn nach zehn Minuten stand plötzlich eine Ricke am gegenüberliegenden Weiderand. Zunächst taten der Bock und die Ricke so, als wären sie Luft für einander. Dann fiepte sie, was ihn übrigens eiskalt ließ, er hörte nicht einmal mit dem Wiederkäuen auf.

Das dauerte eine Viertelstunde; dann federte er mit einem Mal hoch, trollte gemächlich auf die Ricke zu und begann, sie zu treiben. In wüstem Tempo ging es an

Waldrand hin und her. Die Ricke war jünger als der Bock, auch schneller, wie es schien, so daß er sie nicht einholen konnte. Oder wollte er gar nicht? Sie gingen in den Wald hinein und blieben eine ganze Weile fort, ich hörte sie ab und zu, zu sehen waren sie nicht. Danach waren sie wieder da, er dauernd hinter ihr her trollend, die Unterseite seines Kinns auf ihrem Hinterteil zum Sprung ansetzend, sie immer wieder unter ihm wegrutschend, ganz aufreizende Weiblichkeit. Nicht ein einziger Moment schien für einen Schuß geeignet zu sein. Dann endlich war es soweit: Am hinteren Waldrand beschlug der Bock seine Gemahlin. Mit an einem Baumstamm angestrichenem Gewehr wartet ich, bis er wieder freistehen würde. Das wäre meine Chance. In nervenzerreißender Spannung spähte ich durch das Zielfernrohr, die Entfernung betrug fünfundsiebzig Meter . . .

Und da geschah es: Hinter mir knackte es plötzlich, das Geräusch wurde lauter, am Ufer des Baches rannte ein Hase, und in zehn Meter Entfernung folgten zwei Hunde, ein großer vorweg, ein kleiner hinterher. Mit donnerndem Getöse kamen sie aus dem Wald, liefen quer über die Wiese direkt auf die Rehe zu, die im Nu verschwunden waren . . Ich war fuchsteufelswild, der Jagdaufseher war wutentbrannt (über die Hunde!), und der Gastgeber spendete Trost.

Liebe Waidgenossen, fragen Sie mich nur nicht, wieviel Zeit ich in jener Saison noch an den Bock verschwendet habe! Wieder ging ein Jahr zu Ende, ohne daß er hereinkam.

Das dritte Jahr brach an. Der Bock hatte jetzt bis kurz über den Lauschern zurückgesetzt, trug kein imponierendes Gehörn mehr, wäre höchstens noch ein guter Abschuß. Doch inzwischen hatte ich eine Rechnung mit ihm zu begleichen, es gab kein Zurück mehr.

Ende Juni machte ich die lange Reise noch einmal. Und diesmal bekam ich ihn . . . Aber wie! — Zwei Morgen saß ich am Weidenrand, ohne etwas zu sehen. Am dritten und, so mein unumstößlicher Entschluß, letzten Morgen kletterte ich um acht Uhr vom Hochsitz herunter und pirschte in einem weiten Bogen bis an das Ackergelände am Waldrand. Es war ein schöner Morgen, die Vögel schlugen, Tauben flogen in Scharen zu den Äckern, Fasane gockelten, der Kuckuck rief, und ich sog die Morgendüfte tief in meine Nase, bis . . . bis sie sich an einer offenen Stelle neben einem Getreide-

feld mit einem zunächst noch schwachen Verwesungsgeruch vermischten. Dem Geruch nachgehend sprang ich über einen Wassergraben und betrat das Getreidefeld. Es führten Rehwechsel hindurch, und ich folgte einem, der immer breiter wurde und an dessen Ende zwischen gelben Getreidehalmen das matte Rot eines Körper schimmerte. Als ich näher kam, stieg ein Schwarm Fliegen hoch. Der Gestank war jetzt penetrant.

Ich kniete nieder. Es war mein Gabler, schon seit Tagen tot — aufgespießt. Nebem dem Blatt war die Decke aufgerissen, so daß die Rippen zu sehen waren, ein Kiefer war gebrochen, aus einem Loch in der Bauchdecke quoll ein Stück Gescheide hervor. Wahrscheinlich hatte er auch innere Verletzungen, das war durch die Verwesung nicht mehr festzustellen. Er hatte nicht mehr die Kraft gehabt, in Deckung zu gehen, und hatte sich hier zum Sterben hingelegt.

Cervus cervi lupus.

V

Wenn man sich in meinem Beruf zwei Tage frei machen will, so kostet das wochenlange Vorbereitungen. Und ein Ding ist sicher: Einmal festgelegt kann der Kurzurlaub kaum noch verschoben werden, die dadurch heraufbeschworenen Komplikationen wären zu groß. Das gilt auch, wenn sich am Vorabend herausstellen sollte, daß der Wirbelsturm Faith innerhalb von zweimal vierundzwanzig Stunden den Ozean überquert hat und nun ein ausgedehntes Tief rundum Island bildet; woraus man folgern kann, daß bei uns bald ein kräftiger Wind — ein sehr kräftiger sogar — zu erwarten ist. Und natürlich auch Regen. Sämtliche Jagdbücher lehren uns, daß das Rehwild jetzt heimlich bleiben wird, und beenden ihre Lektion mit der Warnung: Wenn der Wind jagt, soll der Jäger nicht jagen!

Und dennoch läutet um vier Uhr dieser scheußliche Wecker an das Ohr des Waidmannes. Wider besseres Wissen erhebt sich der müde Leib, verweilt noch kurz auf der Bettkante. Der zwischen den Händen gestützte Kopf denkt zum so- ud sovielten Mal: Muß das denn sein? Es folgt das schlafwandlerische Latschen zum Badezimmer, das masochistische Aufdrehen des kalten

Wasserhahns. Eine Viertelstunde danach geht's in die rauhe Nacht hinein, und noch eine halbe Stunde später, wenn das erste Licht einen müden Versuch macht, am Horizont einen kleinen Streifen Himmel zu erobern, wird der Hochsitz erklettert, was nichts einbringt außer Faszination des Alleinseins mit dem starken Wind in der Dunkelheit des rauschenden Waldes. Wenn laut Kalender die Sonne aufgehen soll, ist der Himmel fast so schwarz wie einst über Golgotha. Um sieben Uhr steige ich herunter, begegne nach knappen fünf Minuten dem Jagdaufseher-Eleven Heinz und fahre mit ihm ein wenig durch die Gegend.

Und dann stellt sich heraus, daß die Bücher nicht immer recht haben: Auf dem erstbesten Forstweg steht ein Bock. Im Dämmerlicht und auf 100 Meter Entfernung ist sein Gehörn nicht anzusprechen. Hinten herumfahren, aussteigen und unter Wind anpirschen. Der Weg hat von dieser Seite aus ein paar Kurven, so daß es nicht allzuschwer ist. Endlich steht das vom Regen grauer und dunkler gefärbte Stück — noch immer quer — vor uns. Durch unsere Ferngläser spähen wir angestrengt zu ihm hinüber. Ein guter Jährling, rechts Gabler, links Spießer, breit zwischen den Lauschern: Stehen lassen und hinein in die weite Waldwelt!

Vier Ricken geben sich die Ehre; sie sind begleitet von ihren Kitzen, das macht im ganzen schon gleich neun Stück Rehwild. Die Stücke stehen in diesigen Tannenbeständen, wo trotz des Sturmes ein halbwegs kondensierter Wasserdampf im dichten Unterholz hängen bleibt. Böcke zeigen sich keine mehr, und um neun Uhr machen wir Schluß.

In der Hütte essen wir ein Butterbrot, trinken Tee dazu, schauen uns dann eine Weile die Reibereien in der Fasanerie an, wo die lieben Kleinen einander die Schwanzfedern auspicken, weshalb Heinz und Evert Hirschhornöl darauf schütten. Es scheint großes Geschickt dazu zu gehören, die acht Wochen alten Schnelläufer unter dem hohen Topinamburkraut zu erwischen, ohne die Kücken zu verletzen und ohne daß gerade die Vögel, auf die man es abgesehen hat, zwischen den anderen fortschlüpfen.

Danach hängt man noch eine halbe Stunde herum, oder macht — ein solcher Tag ist zu allem gut — ein Nickerchen. Um halb eins besteigt man dann eine andere Kanzel, wer weiß, ob nicht ein fauler Nachmittagsbock kommt. Inzwischen hat die Sonne die Wolkendecke durchbrochen, der Himmel rauscht immer noch mächtig, aber es ist behaglich warm. Auf der Kanzel liest man gemütlich eine russische Jagdgeschichte, jede Minute kurz unterbrechend, um einen langen Blick über den Kahlschlag und den Wald kreisen zu lassen. Die Erzählung handelt von Kerlen, die auf jedes Tier, das sie sehen, zu früh schießen und so den Jagdherrn verärgern. Je weiter man liest, desto mehr wird man an die Jäger von heute erinnert.

Vor ein paar Jahren wollten wir für einen ganzen Tag ins Feld: am Morgen um halb fünf auf den Entenstrich, tagsüber auf Hühnerjagd, und am Abend wieder zu den Enten. Fantastisches Gelände, ausgedehnte, von breiten riedbewachsenen Gräben umsäumte Getreideäcker und als attraktive Zugabe mehrere zwei

Fuß tiefe Pfühle, je etwa einen Hektar groß, die den Enten als Tagesquartier dienten. Um eine dieser Wasserflächen stellen wir uns zu sieben Mann auf, um die von den Getreideäckern wiederkehrenden Enten abzuwarten.

Der Himmel war verhangen, und als es anfing zu dämmern, fielen die ersten Schoofe so schnell aus dem Dunkel ein, daß nicht geschossen werden konnte. Nach einigen Minuten ging es besser. Kaum hörte man das Pfeifen der Flügel, da sah man die schwarzen Tupfen am Himmel zumindest schon fast gleichzeitig. Gemessen an der Menge der in der ersten Viertelstunde einfallenden Enten, mußte der Strich erstklassig sein. Schüsse waren erst wenige gefallen, meine Waidgenossen hatten wahrscheinlich dieselben Schwierigkeiten mit dem Licht gehabt. Nach fünf änderte sich die Situation. Da konnte man die Schoofe von allen Seiten über den Horizont herannahen sehen. Nun aber hatte ich immer mehr Grund, mich aufzuregen, denn fast jeder Schoof wurde viel zu früh beschossen. Jedes Mal dachte ich: Nun noch einen Augenblick warten, seht ihr denn nicht, daß sie noch ein paar Kreise ziehen wollen?

Aber — patsch, patsch — da flog schon wieder eine Ladung Schrot zu den Sternen hinauf, und mit dem Schrot stiegen auch die Enten hoch, bis sie sich in sicherer Höhe entfernten. Manchmal, wenn eine Kette trotz allem heruntergekommen war und sich nach einer geeigneten Landebahn umsah, schossen meine Begleiter noch seitlings an der Nase ihrer Nachbarn vorbei. Ein Ärgernis ohne gleichen! Mann, Mann, was macht es schon, wieviel Enten man höchstpersönlich herunterholt? Man sollte sie doch lieber dem Nachbarn überlassen, das ist nicht nur viel netter, sondern auch, möchte ich fast sagen, ein mindestens so schöner Anblick. Als ich während der Nachsuche dem größten Übeltäter gegenüber eine entsprechende Bemerkung fallen ließ, wurde er auch noch böse. Nun gut, der Beweis, was die Ungeduld angerichtet hatte, lag vor: eine Strecke von ganzen sechzehn Enten, während an die tausend in der Luft gewesen waren. Mit etwas mehr Selbstdisziplin hätten bedeutend mehr geschossen werden können. Das traurige Ergebnis wurde dann bei der Hühnerjagd wieder in etwa wettgemacht; hier verliefen das Aufspüren und Erlegen so völlig anders, daß nur wenig Raum für Unhöflichkeiten übrig blieb. Außerdem hatten

Staub und Hitze die meisten von uns gegen Mittag geschafft, so daß wir für mehrere Stunden in einer Kneipe Zuflucht suchten. Schließlich nahmen wir dort neben Bier auch ein frühes Abendbrot ein, um danach wieder ins Feld zu ziehen, diesmal zu einem abgeernteten Weizenacker, auf dem ein Entenstrich beobachtet worden war.

Und was soll ich Ihnen sagen? Wieder fielen massenhaft Enten ein, so daß jeder die schönsten Schüsse hätte machen können, aber in vierfünftel aller Fälle wurde den Vögeln in Kirchturmhöhe eine zwar unsanfte, aber keineswegs tödliche Warnung entgegengeschickt, ihre Mahlzeit heute abend lieber anderswo zu suchen. Als es dunkler wurde, wurde etwas besser geschossen, wahrscheinlich aber nur, weil die Schützen das Wild erst später sahen. Ergebnis? 23 Enten. Es hätte mit mehr Geduld natürlich ganz anders kommen können.

Der Nachmittag auf dem Hochsitz bringt wieder nichts. Am Rand eines Forstweges setze ich mich gegen Abend auf eine Kiste zwischen süß duftenden Lupinen. Meine notdürftige Tarnung bildet ein überhängender Douglasast. Kaum sitze ich, da besucht mich auch schon ein Dreiläufer, schlank, elegant und mit besonders dämlicher Miene. Die Lupinen werden systematisch von unten aufwärts entblättert; danach verschwindet der Stengel in umgekehrter Richtung zwischen den mümmelnden Lippen, zuletzt mit einem kleinen Ruck kurz über dem Boden. Plötzlich gehen die viel zu großen Löffel senkrecht in die Höhe, der Hase baut einen Kegel und macht sich eiligst aus dem Staube. Mit einem leisen Knacken springen ein . . . zwei . . . drei . . . vier Rehe aus dem Wald: Zwei Ricken und zwei Kitze. Sie ziehen äsend und die Mücken abschüttelnd den Weg hinunter. Eine der zwei Muttertiere ist selbst fast noch ein Kitz, ein frühverheirateter Teenager. Von Zeit zu Zeit balgt sie sich Stirn an Stirn mit ihrem Sprößling. Nach einer halben Stunde verschwinden die vier ganz am anderen Ende des Weges.

Es wird jetzt dunkel. Wenn noch ein Bock kommen sollte, wird er kaum noch anzusprechen sein. Die Rufe der überfliegenden Brachvögel klingen melancholisch . . . Aber was ist denn das? In der Wagenspur neben den Lupinen kommt mit großer Geschwindigkeit ein ockerbraunes Tier auf mich zu, dessen Rücken sich bei den geschmeidigen Fluchten wellenartig bewegt. Ich greife nach dem Fernglas, aber bei dieser hastigen Bewegung reibt die lederne Sitzfläche meiner Hose ganz kurz über die leere Kiste. Auf dieses minimale Geräusch hin steht das Tier wie vom Blitz getroffen still, macht eilends kehrt, flüchtet 20 Meter zurück und sichert auf mich zu. Zwischen den Lupinen sehe ich ein Paar Ohren, die zunächst wie die Lauscher eines Rehes aussehen. Dann erst geht mir, Esel der ich bin, ein Licht auf: Das Tier da ist ein Fuchs, ein prächtiger Bursche von einem Fuchs! Er stellt sich jetzt auf eine kleine Erhöhung, um besser äugen zu können. So langsam wie möglich richte ich die Büchse zwischen den Zweigen des Douglasastes auf ihn. Aber als das Zielfernrohr sein Blatt gerade erreicht hat, geht er mit einer fantastischen, wahnsinnig schnellen Flucht seitlich in Deckung. Ja, ja, ein Fuchs läßt sich nicht so leicht belauschen wie ein Reh. Aber ein schönes Erlebnis war es doch.

Es war schon stockfinster, als ich zur Hütte zurückstapfte, um einen ehrlich von Arnolf stibitzten Zwerghahn feierlich zu bestatten und alles noch einmal zu überdenken. Morgen ist wieder ein Tag, diesmal ein ganzer Tag mit vielen langen Stunden, die ich zusammen mit allen uns am Herzen liegenden Tieren im Wald verbringen werde. Der Wetterbericht verheißt diesmal Sonne und Wärme, um das süße Nichtstun in der freien Natur erneut zu Gipfeln der Waidmannslust zu führen.

VI

Nach einer morgendlichen Jagd auf den Bock fuhr ich in einer letzten altbekannten S-Kurve durch ein paar Kahlschläge auf den befestigten Weg zu. Es war schon nach neun, und die Stunden davor waren schön gewesen. Der Wald war an diesem herrlichen, windstiller Septembermorgen rot vor Rehwild, vor allem Ricken mit ihren Kitzen, aber auch ein guter Spießer war darunter. Die alte Garde der Gehörnträger war wie üblich heimlich geblieben, mit Ausnahme eines sechsjährigen stark zurückgesetzten Sechsenders, der wahrhaft g. während ich vom Hochsitz zu meinem Auto zurückschlenderte, aus der Nähe auf das genannte Vehikel zusicherte. Ich entdeckte ihn eine Sekunde früher als er mich und hatte die Wahl schon getroffen (ich kannte ihn). Gerade als ich anlegen wollte, spürte sein sechster Sinn aber Unheil, und er trollte schreckend spitz ab. Ich mußte ihn 120 Gänge ziehen lassen, bevor er noch einmal zwischen zwei schweren Buchen quer kam und verhoffte, um das funkelnde Blechmonstrum erneut zu beäugen. Er stürzte wie ein Stein, den Knall hat er nicht mehr gehört.

Ich drossele die Geschwindigkeit und fahre durch die letzten grasbewachsenen Schneisen vorsichtig zwischen den Holzstapeln, bin jetzt kurz vor dem Hauptweg und schaue nur aus Gewohnheit noch einmal nach links und nach rechts. Es folgt die immer wieder schockartig

einsetzende Erregung: Ich bin zweifellos links an einem Paar sichernder Laucher vorbeigefahren.

Weiterfahren ist die Devise. Im nächsten Schlag anhalten und überlegen: So und so ist der Wind, so und so wird zurückgepirscht werden müssen. Das heißt auf jeden Fall, daß dieser Schlag umgangen werden muß, um zu versuchen, sich von der anderen Seite heranzumachen.

Alles geht gut, und schließlich bin ich an dem Punkt angelangt, wo es etwas zu sehen geben müßte. Und tatsächlich, dort steht ein Stück, noch genau an derselben Stelle wie vorhin. — Blick durchs Fernglas: ein Kitz. Es wendet den Kopf mal hier, mal dahin und äst, ohne ganz bei der Sache zu sein. Es müssen noch andere Stücke dabei liegen, zumindest eine Ricke. An diesem wunderbaren Sonnentag waren sie besonders früh auf den Läufen und haben sich zur entsprechend frühen Stunde, schon um acht, wieder niedergetan; das Kitz wird, unberechenbar wie Kinder sind, anschließend erneut hochgeworden sein.

Was nun? Angehen hätte abspringen zur Folge, das ist also ausgeschlossen. Ich stehe auf einem Kiesweg, suche mir einen großen Kieselstein heraus, warte, bis das Kitz den Kopf für einen frischen Bissen niederbeugt, und versuche einen weiten Wurf. Zehn Meter weiter klatscht der Stein gegen einen Baumstamm. — Kauern und spähen. — Die Situation hat sich nicht geändert. Jetzt wähle ich einen schönen flachen Flitzer und lasse ihn sausen. Schon besser: Er plumpst ein paar Meter neben dem Kitz in einen Strauch. Von einer dicken Birke verdeckt schaue ich zu. Eine Ricke tut sich auf. Sie sichert minutenlang nach allen Seiten. Danach erhebt sich ein zweites Kitz. Es wird also wohl wieder vergebliche Mühe gewesen sein. Sie ziehen ein wenig nach rechts; aber während dieses Ganges durch das Eichengestrüpp sehe ich ungefähr zehn Meter weiter links ebenfalls etwas sich bewegen. Und wahrhaftig: Dort wird ein neues Stück hoch. Mit dem Fernglas taste ich fleißig die Lauscher ab. Sehe ich recht? Ist es ein Knopfbock? Der Zweifel ist bald verflogen. Auf dem Kopf wächst ein Haarbüschel, und daraus ragt auf der linken Seite eine kümmerliche Stange von ungefähr zwei Zentimeter Länge. Der Rumpf ist rot wie der eines Jährlings — ein ausgesprochener Abschußbock. Aber als die Büchse anstreicht, ist es zu spät. In fliegender

Eile ist die ganze Gesellschaft auf und davon, die Ricke mit den Kitzen nach rechts, das Böckchen zuerst nach links; danach ändert es die Richtung und folgt den übrigen in großer Entfernung über denselben Wechsel. Was kann der Grund zur Flucht gewesen sein? Ich selbst gab dazu keine Veranlassung, soviel ist sicher.

Im nächsten Augenblick wird die Frage beantwortet. Eine große Anzahl Männer und Frauen verschiedenen Alters geht den Grasweg entlang, über den ich gerade gefahren bin. Ich verwünsche sie aus Herzensgrund, wie es — nehme ich an — wohl jeder an meiner Stelle getan hätte.

Aber diese Menschen haben doch etwas Befremdliches an sich. Sie schreien nicht, wie es andere Ausflügler tun, sie tragen unauffällige Kleidung, führen keine Transistorradios mit sich, schlagen nicht mit Stöcken gegen Bäumen und Sträucher. Durch den Feldstecher beobachte ich die Gruppe scharf. Ein eigenartiges Gefühl beschleicht mich. Beim Gehen gebärdet man sich lebhaft, schaut sich während des Gedankenaustausches unverwandt an . . . Ein Bild steht vor mir auf: Ich erinnere mich an einen Opernabend in der Hauptstadt, als wir, nachdem wir uns von Don Giovanni hatten verzaubern lassen, in der schwülen Nacht noch in einer Imbißstube einkehrten. In das ziemlich leere, hellerleuchtete Lokal ergoß sich plötzlich eine Gruppe von fünfundzwanzig Taubstummen, die es übrigens sehr wohl verstanden, ihre Bestellungen genauso schnell aufzugeben wie wir.

Und auch die zwanzig Menschen hier vor mir sind Taubstumme, es steht außer Zweifel. Sie wählten diesen Morgen für einen Spaziergang durch den Wald, auf den sie genau so viel Recht haben wir wir.

Ein Gefühl der Reue macht sich in meiner Magengrube bemerkbar. Ich hatte wenig liebenswürdige Gedanken gehabt; diese Wut auf Spaziergänger, die einem eine schöne Chance im letzten Moment vermasseln, ist allmählich schon fast zur Gewohnheit geworden. Nun aber sind die Proportionen anders — wahrscheinlich normalisiert. Lebt wohl, Brüder und Schwestern!

VII

Die Welt wird von tiefhängenden Januarwolken zugedeckt. Oder ist es Nebel, aus dem klitschnassen Erdreich emporsteigend zu den Wolken, die ihn hervorgebracht haben und nach wie vor speisen?

Im Wald ist die Sicht manchmal besser, manchmal auch mindestens so schlecht wie auf der Autobahn hierher. Bis zum Einbruch der Dunkelheit bleiben uns noch zwei Stunden, um Rehricken zu bejagen. Das heißt, Tannenschläge umfahren, Lichtungen absuchen, unter hohen Douglasstämmen Ausschau halten in der Hoffnung, gegen helleren Hintergrund eine oder mehrere erregende Silhouetten ins Visier zu bekommen. Einige Holzwege haben beim Tauwetter schwere Schäden davongetragen. An den betreffenden Stellen schlittert das Auto durch die tiefe Wagenspur voran; mit dem Lenkrad kann man es nicht daraus befreien.

Die ersten Kilometer bringen nichts, es ist noch zu früh. Aber als wir an einer kleinen Lichtung vorbeifahren, stehen an deren entferntestem Rand vier schemenhafte Getalten, wie so oft an der Stelle, wo sie am wenigsten auffallen.

Wir halten an, um besser sehen zu können, doch da trollen sie auch schon ab: Hopp, hopp, vier verschwommene, gelblich weiße Spiegel tanzen in einem unwahrscheinlichen Auf und Ab davon. Sie verschwinden in einer mittelhohen, noch nicht ausgedünnten Douglasschonung.

Wir setzen unsere Fahrt fort, um den Stücken zweihundert Gänge weiter in einer Querschneide den Weg abzuschneiden, eine frühere Möglichkeit gibt es nicht. Hoffentlicht sind sie überhaupt soweit gekommen, sie machten nicht unbedingt den Eindruck, flüchtig zu sein, sie räumten vielmehr nur die Lichtung mit ihrer unzureichenden Deckung.

Von der Querschneise aus sehen wir sie jenseits einer kleinen Sandverwehung stehen, in einem Winkel von siebzig Grad zeichnen sich die Lauscher scharf ab, darunter die gerade Linie der Rücken. Sie rühren sich nicht, die Stücke sind mehr als hundert Gänge von uns entfernt und fühlen sich nicht bedroht. Wieder fahren wir um die Ecke bis zu der Stelle, wo der Weg die Rückseite der Lichtung erreicht. Dort steige ich vorsichtig aus. Wenn die Ricken noch stehen, wo sie eben standen, müßten sie jetzt in Schußweite sein. Der Wagen fährt weiter, den werden sie zweifellos vorläufig beäugen, vielleicht kann man in der Zeit eine von ihnen erlegen. Ich pirsche von Baum zu Baum, unter jeder dunklen Tanne stillstehend, um den Blick umherschweifen zu lassen.

Endlich sehe ich ein Stück, genau dort, wo das Auto gerade vorbeigefahren ist. Es wächst dort etwas Krüppelholz, wodurch der Rest des Sprunges dem Blick entzogen wird. Was ich sehe, ist aber ein weibliches Stück, soweit von hier feststellbar ein Schmaltier, und das reicht. Die Büchse streicht an einem Baum, aber als der Finger zum Abzug gleitet, hat ein Mitglied der Gesellschaft offensichtlich eine Botschaft auf seinem Radarschirm empfangen, und in hohen Fluchten gehen sie alle ab: vier Juwelen muskulöser Eleganz. Im Nu sind sie zweieinhalb Schläge weiter.

Kurz überlegen, von welcher Seite wir sie jetzt am besten angehen können, und dann in einem Bogen um einen angrenzenden Schlag zurück. Die Stücke verharren dort lange genug, daß man von der anderen Seite des Autos aus hinter einen Baum kriechen kann. Das Schmaltier steht links. Diesmal muß es gelingen. Genau wie beim ersten Versuch äugen die Ricken hinter dem fortfahrenden Auto her. Als ich aber den großen Feldstecher mit dem Zielfernrohr verwechsle, ist das Bild unscharf. Auch ist der Nebel hier bedeutend dichter als im vorigen Schlag, ganz ehrlich gesagt: Ich sehe überhaupt nichts! Noch einmal mit dem großen Feldstecher . . . Donnerwetter, das Stück steht so schön quer, wie man's sich nur wünschen kann. Als ich aber zum zweiten Mal anstreiche und durch das zuvor blankgeputzte Zielfernrohr spähe, ist ein Schuß nicht mehr zu verantworten. Und dann ist die Frist schon wieder abgelaufen: Rhythmisch wippend verschwinden die Spiegel hinter einer dichten Hecke, aus der vorerst kein Stück mehr zum Vorschein kommen wird.

Warum ich nicht geschossen habe, will der Mann am Steuer wissen, er hat gewartet. Gewiß, Freundchen, ich hätte gerne geschossen, aber ich sah nichts, wenn's gestattet ist. So ist das nun einmal, ein jeder hat sich für sich selbst zu verantworten, und mir ist ein vor Aufregung fluchender Zuschauer lieber als ein Reh auf drei Läufen, wonach wir zwei Wochen lang suchen müssen

und das während dieser ganzen Zeit Schmerzen erlei-
det.

Weiter geht es. Eine Viertelstunde, eine halbe Stunde.
Drüben, ganz hinten in einem hohen Buchenwald,
zeichnen sich wieder drei Stücke ab: ein Bock, eine
Ricke und ein Kitz. Zum Aussteigen reicht die Zeit
nicht, denn schon gehen sie halbflüchtig in eine achtzig
Zentimeter hohe Tannenschonung ab. Nach einer
Kehrtwendung fahren wir auf einen anderen Waldweg
zu, der senkrecht auf die Schneisen entlang der Scho-
nung stößt. — Geschwindigkeit drosseln, spähen, anhalten. — In einer Schneise sind zwei Spiegel erkenn-
bar, in dem nächsten ein Rücken und zwei nach hinten
äugende Köpfe. Die Ricke und das Kitz stehen Seite an

Seite. Wieder spähe ich, an einem Stapel Eichenhackholz gelehnt, durch das Fernglas. Die Ricke zieht noch
drei Gänge vorwärts und steht jetzt richtig. Nur habe
ich — potztausend nochmal! —, sobald ich das Zielfernrohr richte, wieder nicht genügend Sicherheit. Und
doch ist es ein ganz ausgezeichnetes Rohr, mit dem ich
im letzten Sommer jedes Stück ansprechen konnte,

wie weit entfernt es auch sein mochte. Es muß am Nebel liegen (was mir am Abend auch jemand bestätigt). Soll ich also ohne Zielfernrohr schießen? Außerhalb der Fünfzigmetergrenze halte ich das nicht für vertretbar. Die drei halten sich lange an der Stelle auf, so lange, daß mein Begleiter drüben im Auto sicherlich vor Aufregung aus der Haut fährt. Ich lasse mich jedoch nicht hetzen. Der Himmel klart kurz auf, und endlich habe ich die Ricke schußbereit. In dem Moment reibt sich das Kitz an seiner Mutter. Danke für die Blumen! Minutenlanges Warten. Die Wolkendecke schließt sich wieder, und das Bild verschwimmt. Die aus der Erde aufsteigende Feuchtigkeit dringt durch meine Hose. Lange brauche ich allerdings nicht mehr zu warten, denn da gehen die Stücke wieder ab, zunächst in ein ausgedünntes Krüppelholz, um dann, gerade als wir dort auf einigen listigen Umwegen ankommen, in einen dichter bestandenen Schlag überzuwechseln.

Die Suche nach Beute beginnt erneut. Es fängt an zu dunkeln, die Sonne geht jetzt wohl unter, und damit ist bei den heutigen Wetterverhältnissen die untere Grenze des Büchsenlichts erreicht. Schnell nur noch eine einzige Lichtung probieren? Gegen eine dichte Fichtengruppe steht eine Ricke, eine Einzelgängerin. Sollte es heute doch noch gelingen? Das Stück zieht langsam hin und her, jeder Gang lädt zum Schuß ein . . . Wären nur nicht die Spitzen der Setzlinge, die sich, wie mein großer Feldstecher zeigt, vors Blatt schieben! Zwei-, dreimal hätte ein anderer Schütze vielleicht Funken gerissen, ich tue es nicht. Die Büchse gehört mir, und auch die Ricke ist mein, die übrige Welt ist mir egal.

Die Ricke verschwindet zwischen den Fichten, und mit ihr die letzte Chance des Tages. Leben Sie wohl, gnädige Frau! So bedeuten Sie mir mehr als waidwund oder mit zersplittertem Lauf unauffindbar.

VIII

Über allen Gipfeln ist Ruh,
in allen Wipfeln spürest du
kaum einen Hauch.
Goethe: Wanderers Nachtlied

Auf einer kleinen Lichtung liegt ein Schmalreh mit gespreizten Hinterläufen. Meine Hände ziehen ihr Herz und Lungen von einem gurgelnden Geräusch begleitet aus der Kammer, um sie anschließend mit dem übrigen Aufbruch in eine kleine, für Sauen und Füchse bestimmte Mulde zu legen.

Einer der ersten warmen Märztage hatte die Luft mit nostalgischen, Unerfüllbares verheißenden Düften geschwängert. Wir hatten den Nachmittag in aller Geruhsamkeit und wenig erfolgreich mit dem Zusammentreiben einiger gurrender Täuberiche verbracht. Gegen Abend begann ein Großteil des Rehwildbestandes auszutreten, war aber rege und drückte sich immer wieder geschickt in Hecken und Dickungen. Aus diesem Grunde hatte ich mich noch für ein Stündchen auf eine Kanzel neben einem belebten Sauenwechsel zwischen Buchenwald und Moorpfuhl gesetzt; ich wollte wissen, ob die schwarzen Lausbuben nach der Trockenheit der letzten Wochen vielleicht Lust verspüren, sich zu suhlen. Lausbuben: Kommen sie einem nicht oft so vor, besonders wenn man eine Rotte von ihnen beim Brechen überrascht und sie einen mit einem Tupfer Schnee auf dem Windfang einen Augenblick wie bei einem Streich ertappt ansehen, um anschließend mit einem grimmigen »Uff!« Hals über Kopf Reißaus zu nehmen?

Kurz nach Sonnenuntergang war das Schmalreh zusammen mit einem hohen Bastbock vorbeigezogen. Sechzig Gänge von mir entfernt hatte es auf den Fahrradweg zu gesichert und war nach dem Schuß gestürzt, wonach der Bock eher überrascht als erschrocken in die einbrechende Dunkelheit abgesprungen war. Für heute schien es mir genug zu sein, und ich stieg hinunter. Während ich den Schuß prüfte, war mein Begleiter herangefahren. Er hatte die Explosion der 7 x 64 gehört. In dieser unvergleichlichen Stille muß der Knall kilometerweit durchgedrungen sein. Zusammen hatten wir das

Reh zu der neben dem Buchenbeschlag liegenden Lichtung getragen und aufgebrochen.

Die Finsternis beginnt uns einzuschließen. Die Hündin leckt an einem Blutgerinnsel. In der jungfräulichen Ruhe des frühen Frühlingsabends schallt das Horn das »Reh tot!«. Vom Waldrand kommt das Echo, dann umringt uns die Natur wieder schweigend und geheimnisvoll.

Wir fahren fort. Aber als es mit einer Kurve in einen breiten Waldweg hineingeht — selbstverständlich mit ausgeschalteten Scheinwerfern —, bewegt sich hundert Gänge vor uns ein großer dunkler Tierkörper. Wie auf Befehl führen wir gleichzeitig unsere Ferngläser an die Augen.

Ein Hirsch, nach der Länge seines Rückens zu urteilen, noch jung. Unruhig schreitet er in einer fernen Delle des Weges mal nach rechts, mal nach links, im ganzen mindestens zehnmal, sich dann querstellend, um uns mit seinen auf das Dunkel eingestellten Lichtern scharf zu beäugen. Wir halten den Wagen an, und das Stück verhofft, bis es schließlich weiter den Weg hinunter zieht. Keiner von uns hat die Enden seines Geweihs zählen können. Als das Auto langsam folgt, wechselt das Stück nach links in einen Querpfad. Doch als wir dort angelangt sind, ist es auch schon am Ende des Pfades und zeigt jetzt für den Bruchteil einer Sekunde seinen Kopfschmuck gegen einen helleren Streifen am Himmel. Ein Sechsender vom dritten oder vierten Kopf? Fehlt eine Augsprosse? Mein Begleiter meint, ja, die Entfernung ist aber zu groß, um sicher zu sein. Mit fürstlichem Gehabe wechselt der Hirsch in einen jungen Baumbestand, über den er sich erhebt, als schwebe er. Plötzlich faßt mein Freund mich am Arm und zeigt auf eine Stelle links unter dem Gehölz. Dort steht ganz vertraut ein kapitaler Sechsender, dessen Stangen deutlich zu sehen sind. Unter der weißen Krone zeichnet er sich schwarz gegen die hellen Winterfarne ab. Als er mit königlicher Würde langsam abzieht, folgen wir fünfzig Gänge hinter ihm. Das macht er allerdings nicht lange mit. Nach kurzem Zögern zieht er es vor, sich schnell zu trollen, und geht schräg vorwärts in Deckung für seine lange Nacht in Holz und Feld. Der junge Hirsch ist länst auf der gegenüberliegenden Seite spurlos verschwunden, aber innerhalb weniger Minuten werden sie wieder zueinander gefunden haben.

Bei der Hütte wird das Reh gewogen. Es ist jetzt stock-dunkel. Über uns zwinkern die Sterne an einem fantastischen Firmament, wie man es so nur abseits aller künstlichen Lichtquellen sehen kann; zwischen den Horizonten wölbt es sich in unschätzbare Fernen, das Bild bewegt uns zutiefst, bis in den letzten Winkel unserer Seele.

IX

Siebzig Gänge vom Weg ab, unter einer hohen Douglastanne, steht ein Reh, nicht weit davon entfernt ein zweites. Unter den schweren, kerzengeraden Bäumen wirken sie klein und zerbrechlich wie asiatische Spielzeugfiguren.

An diesem wiederum völlig windstillen Märztag dringen die Sonnenstrahlen ringsum in breiten Streifen bis auf den Waldboden durch. Ihre Wärme kündigt den Frühling an, die Zeit des Reifes, der Zweige und Knospen umklammert hielt, ist vorbei.

Eine alte Ricke tut sich auf, im Sonnenlicht nimmt sich ihr Rücken fahlbraun aus, ihr Kopf ist grau, ihre Lauscher hält sie auf mich gerichtet. Das Rickenkitz, das sie führt, ist dunkler gefärbt, steht außerdem im Schatten. Flink wie ein Weltergewicht ist es mit wenigen Sprüngen neben seiner Mutter und sichert dann schon ganz routiniert mit. Als die Büchse langsam an einem Baumstamm hochstreicht und die zwei aufs Korn nimmt, springen sie ab, schräg nach hinten, verhoffen nach dreißig Gängen erneut, diesmal vor einer kleinen Anhöhe, beide freistehend und vollkommen quer.

Jetzt ist die Frage: Erst die alte Ricke strecken, mit der großen Chance, daß das Kitz in der Nähe bleibt und ebenfalls erlegt werden kann? Oder nur das Kitz schießen? Der Abschuß ist noch nicht einmal zur Hälfte erfüllt, die Zeit drängt, noch zehn Tage, und sie ist herum. Aber ich habe schon wieder zu lange überlegt, das Kitz schmiegt sich wie ein Schatten so dicht an seine Mutter. Nun erst ist deutlich zu sehen, daß die Rücken anderthalb Handbreit in der Höhe differieren; es ist also ein kümmerndes Kitz, das eher in der Wunderwelt unsres geliebten Rehwildes entbehrt werden kann als seine zweifellos beschlagene Mutter. Sekundenlang bleiben die Stücke so stehen, ohne einen Muskel zu rühren. Wenn eins von ihnen einen Schritt tut, wird der Schuß fallen.

Doch wieder kommt es nicht dazu. Plötzlich haben sie

es satt und springen mit breiten Spiegeln spitz nach hinten ab. Nach einem langen Umweg bekomme ich die Stücke noch zweimal zu sehen, aber beide Male ist ihr Blatt von Heckenkirschen verdeckt, danach verschwinden sie in hohen Fluchten in eine mehrere Hektar große Eichendickung, für den Rest des Nachmittags unerreichbar.

Eine halbe Stunde später und einen Kilometer weiter in einem Tannenbestand: eine schwarze Erscheinung. Auf der einen Seite eines Baumes der aufmerksam sichernde gehörnlose Kopf, auf der anderen Seite ein Stück Rücken und das Hinterteil. Eine Ricke? Das Stück verhofft regungslos, wahrscheinlich in der Annahme, nicht gesehen worden zu sein. Durch das Fernglas prüfe ich das Hinterteil gespannt. Spieglein, Spieglein an der Wand, was hast du mir diesmal zu sagen? Dann macht das Reh eine Kehrtwendung, trollt ab, verhofft, trollt wieder eine kleine Strecke und verhofft erneut. Ein rankes, junges Stück, im vergangenen Jahr gesetzt, das ist deutlich. Jetzt kehrt es mir den Spiegel zu, aber das Gegenlicht ist grell. Ein goldener Schimmer liegt unter dem Gehölz. Das Stück ist so dunkel pigmentiert, daß sogar der Spiegel grau ist. Zwischen den Lauschern ist nicht die Spur eines Gehörns zu erkennen. Beinahe schüttele ich den Zweifel ab und bin sicher: eine Ricke. Sekundenlang dauert das gegenseitige Belauern, bis das Stück flüchtig abgeht, hinein in die Deckung, und damit das Spiel beendet. Während es mit einer hohen Flucht über einen Baumstamm springt, zeigt mein großer Feldstecher mir jedoch einen unverkennbaren Pinsel. Somit wurde zum Glück wieder einmal kein irreparabler Fehler gemacht.

Kein Knall hat den Frieden gestört, nach zwei Stunden steht es immer noch eins zu null für die Natur.

Gegen halb sechs klettere ich auf eine Kanzel, die an einem großen Kahlschlag steht und durch Schneisen hindurch Aussicht über drei weitere Kahlschläge bietet.

Aus dem dichten Blätterdach einer Buche ertönt der rhythmische Trommelwirbel eines Buntspechts, ein Fasanenhahn schickt aus einer fernen Reihe junger Rotfichten alle drei Sekunden einen einsilbigen Trompetenstoß zu uns herüber: »Chuck . . . Chuck . . . Chuck«, zwanzigmal hintereinander. In einer ausgewachsenen Douglastanne gurren unaufhörlich ein paar Tauben.

Vor zwei Wochen lag Schnee auf den Feldern. Auf dem großen Kahlschlag standen damals zwei Hirsche gegen dunklen Hintergrund, ein Tier und ein Sechsender, hoch wie ein Turm, dabei Güteklasse IIIb*) bis aufs Mark. Wir fuhren zufällig über die knisternde weiße Fläche und überraschten beide vollständig. Beide Stücke hätten wir erlegen dürfen, aber trotz der ausgeklügelsten Manöver, eine Stunde lang durch den ganzen Wald, kamen wir nicht näher als 300 Meter an sie heran; auch dann noch waren sie von Zweigen abgeschirmt. Mag sein, daß in anderen Ländern ein Schuß auch unter solchen Umständen noch zu vertreten gewesen wäre, hier blieb der Abzug unberührt.

Direkt hinter der Kanzel verläuft ein vielbenutzter Rehwechsel. In diesem Revier hat ein Sechsersprung seinen Einstand; es sind vier weibliche Stücke darunter, und auf die warte ich.

Es ist so still, daß Geräusche wie ein Vogelruf, das Bellen eines Kettenhundes, der Hufschlag eines Pferdes noch aus sehr großen Entfernungen bis hierher dringen. Und doch hat sich eine Stunde nach Sonnenuntergang, als der Vollmond mir mit breitem Grinsen über die linke Schulter schaut, immer noch kein einziges Stück Rehwild gezeigt.

Die schrillen Schreie einer Eule erklingen, während ich von der Kanzel herunterklettere und den Heimweg antrete. In der Ferne blitzt das Licht eines Fahrrads auf. Es kommt auf mich zu, und ich bleibe einen Augenblick am Rand des Pfades stehen. Der Radfahrer sieht mich erst im letzten Moment. Er erschrickt fürchterlich, murmelt eine Verwünschung und verdoppelt sein Tempo, wahrscheinlich aus Angst vor einer Kugel aus dem Gewehr jener Gruselfigur in dem nun dunklen Wald.

Aber nicht doch, mein Bester, diese Kugeln sind nicht für Sie bestimmt, werden, so will ich hoffen, niemals für einen Menschen bestimmt sein. Aber wohl für ein Tier? Das ja, allerdings, für einige Tiere schon, und zwar im Rahmen einer innigen Verbundenheit mit dem Tier und seiner Umwelt, auch wenn das nicht für jeden verständlich ist.

*)»mein« Jäger sagt, das gibt's nicht,
»Die Jägerprüfung« sagt, das gibt's doch, bitte
entscheiden Sie!

de Hoge Veluwe.

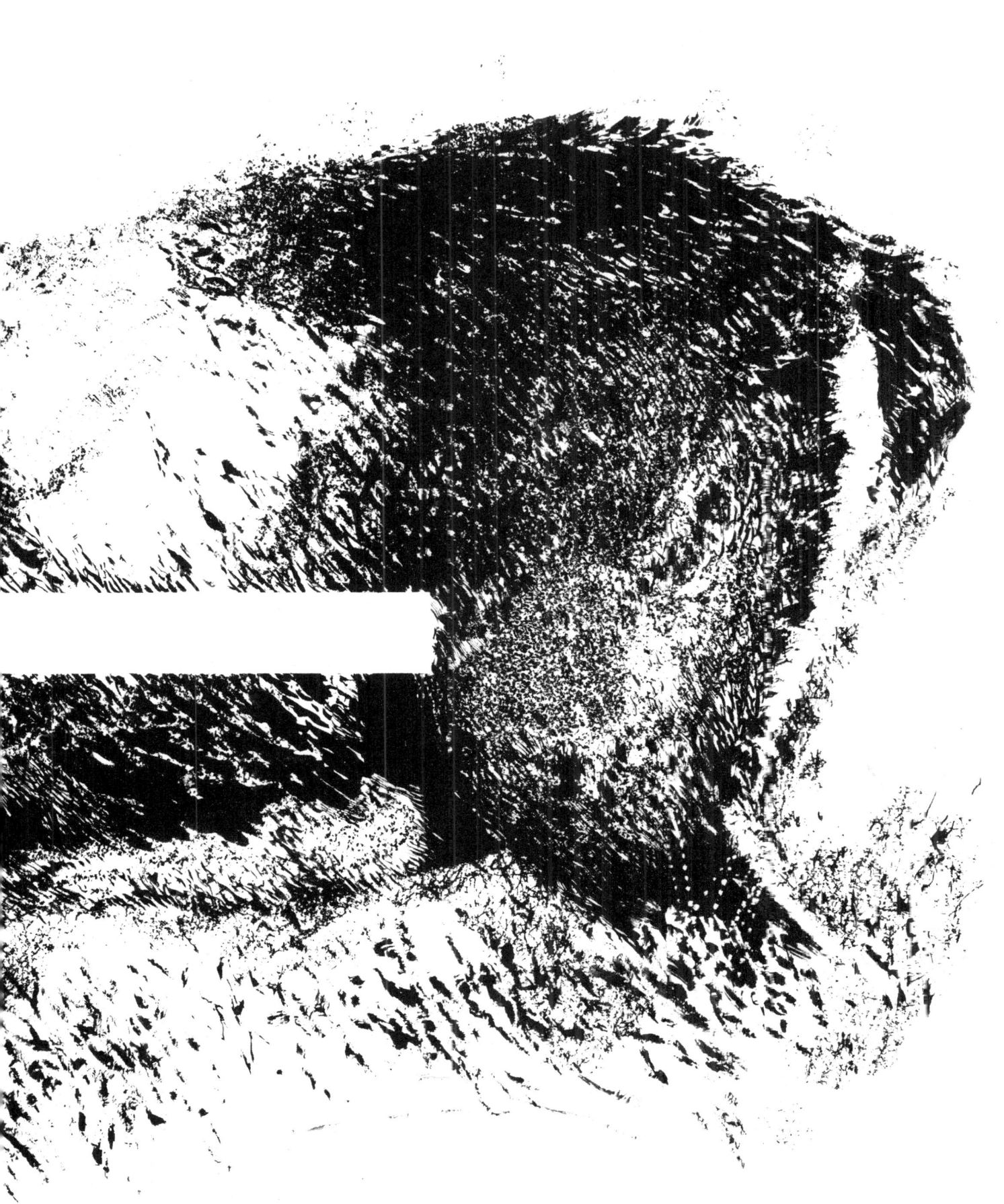

Dinge, die man nur einmal erlebt

Der frühe Novembermorgen war neblig und kalt, ab und zu nieselte es, und im Laufe des Tages war laut Wettervorhersage ein Sturm aus Nordwest zu erwarten. Es waren also keine guten Voraussetzungen für die Hochwildjagd. Wir waren im Feld, um den Kahlwildabschuß zu erfüllen. Bei Tagesanbruch hatten wir ein Rudel von achtzehn Tieren, Kälbern und zwei jungen Hirschen in Schußweite, aber die umherziehenden Stücke bildeten ein solches unentwirrbares Knäuel, daß wir das geringe Kalb darunter bei der schlechten Sicht nicht vor die Büchse bekommen konnten. Und kurz danach hatte das ganze Rudel sich in die Deckung gedrückt.

Als wir das mit Heide und Kiefern bewachsene Gelände aber noch einmal zu Fuß abgingen, schimmerten plötzlich weiße Flecke zwischen dem Gehölz.

»Mufflons!« flüsterte der Jagdaufseher Jacques mir über die Schulter zu.

Vorsichtig gingen wir etwas näher heran, dabei rückten unsere Feldstecher zwei dicht aneinander liegende Widder ins Blickfeld. Die Widder hatten uns anscheinend gehört oder gewittert, denn im selben Moment wurden sie hoch und sprangen ab.

Und da sahen wir es erst: Sie hatten sich verheddert. Das Stück auf der rechten Seite konnte sich noch einigermaßen auf vier Läufen fortbewegen, aber das zur linken lehnte sich gegen seinen Kumpan und konnte praktisch nur noch seine Hinterläufe zum Sprungansatz verwenden. Humpelnd gingen sie ab. Wir rannten hinterher. Aber was für eine Geschwindigkeit können solche behinderten Vierfüßler noch entwickeln! Zweimal bekamen wir sie noch zu sehen. Beide Male standen sie nach Luft schnappend hundert Gänge vor uns. Sie mußten total erschöpft sein. Das waren wir übrigens ebenfalls. Versuchen Sie es nur einmal: Die Büchse in der Hand, den Feldstecher um den Hals, den Lodenmantel übergezogen, die übliche Jägerunterwäsche

auf dem verschwitzten Körper — und dann ab durch die Heide! Beide Male zogen wir in Erwägung, einen der beiden Mufflons so abzuschießen, daß der andere keinen Splitter abbekäme. Das hätte nur mit einem Spiegelschuß gemacht werden können, was natürlich eine scheußliche, unwaidmännische Sache gewesen wäre. Jacques hielt — mit Recht — nichts davon. Und im übrigen hatten wir die Stücke auch schon wieder aus den Augen verloren, sie hatten sich zwischen einigen jungen, dicht an dicht stehenden Föhren fortgestohlen. Nachdem unsere wild hämmernden Herzen sich wieder einigermaßen beruhigt hatten, gingen wir zurück, um die Fährte aufzunehmen. Der Boden war hier mit Gras und Heide bedeckt mit gelegentlichen Sandflächen dazwischen. Es ist niemals leicht, auf einem solchen Boden einer Fährte zu folgen, und besonders schwer wird es, wenn wie hier, Rotwild und andere als die gesuchten Mufflons überall eine ziemliche Menge Spuren hinterlassen haben.

Bei der Fährtensuche war Jacques aber, wie sich bald herausstellte, kaum zu schlagen. Jedesmal, wenn die Fährte sich im Gras und Heidekraut verlor, machten wir eine Runde, um die umliegenden sandigen Stellen in Augenschein zu nehmen, und so ging es langsam voran. Einen Schweißhund holen, um die Mufflons zu stellen, käme nicht in Frage, so erklärte Jacques mir, weil sein Hund, ein Hannoveraner, verdorben würde, wenn man ihn auf eine Spur ansetze, die noch keine drei Stunden alt sei, und die Tageszeit es nicht zuließe, solange zu warten.

Trotzdem machten wir ständig Fortschritte. Und schließlich führte die Spur zu einem großen Feld Silbergras. Wenn die Stücke dort nicht zu weit hineingegangen waren und sich gedrückt hatten, mußte die Sache jetzt einfacher werden.

Inmitten des Feldes sahen wir die Hörner (bzw., wenn Sie so wollen, Schnecken) gerade noch über die gelben

Spitzen der Grashalme hinausragen. Die Widder ruhten wieder. Jetzt mußte blitzschnell vorgegangen werden. Ich legte alle überflüssigen Kleidungsstücke, Gewehr, Fernglas und Hut ab und pirschte mich bis auf eine Entfernung von hundert Gängen heran. Dann witterten die Stücke mich erneut, doch nun waren die Sprintchancen besser verteilt. Nach einem wüsten Spurt strauchelten die Widder, und ich landete mit einem Hechtsprung auf ihren Rücken. Wie alle zur Gattung der Schafe gehörenden Tiere ergaben sie sich sofort, wobei sie demütig mit ihren großen braunen Augen zwinkerten. Inzwischen war auch Jacques zur Stelle, und zusammen hielten wir die Stücke fest. Es stellte sich heraus, daß das rechte Horn des linken Widders ganz um den Hals des anderen lag, so daß die bereits nach vorn gerichtete Spitze (wie man diese bei kapitalen Mufflonwiddern antrifft) auf dessen Zungenwurzel drückte. Die Stücke hätten sich nie mehr voneinander lösen können und wären in absehbarer Zeit elendig verhungert. Jetzt gelang es uns, sie zu befreien, indem wir den Finger unter die Spitze des Horn hielten (um Schnittwunden zu vermeiden) und unter starkem Druck auf die Zunge die Spitze mit größter Anstrengung aufwärts drehten. Damit war das Werk vollbracht. Leider hatten wir weder einen Fotoapparat noch Ohrmarkierungen bei uns. In dem inzwischen recht dichten Nebel wäre aber sowieso keine gute Aufnahme entstanden. Schade! Außer Abschürfungen an den Lauschern, wo die Widder immer wieder aufeinander geprallt waren, fanden wir keine Verletzungen. Nachdem wir die Stücke untersucht hatten, ließen wir sie laufen. In einem schönen Spurt gingen sie, ein jedes in einem Halbkreis, in entgegengesetzte Richtungen ab, der Freiheit entgegen, und fanden in weiter Ferne, gerade noch in Sichtweite, wieder zueinander — ohne Groll. Ihre Kondition war noch ziemlich gut, sie waren offensichtlich erst wenige Tage miteinander verhakt gewesen.

Wieder einmal wurde deutlich, daß das Glück des Jägers nicht immer in einer leblosen Strecke gipfeln muß, wenn Sie verstehen, was ich meine.

Die stille Frostluft hatte ihm längst verraten, daß Gefahr drohte. Noch lag er mit verletztem Vorderlauf wie ein Ball zusammengerollt in seinem Schneelager, seine spitzen Gehöre und seinen langen Windfang nach allen Seiten drehend, um jede Einzelheit der Wittrung und jede Lautwelle zu registrieren. In zwei Meter Entfernung kam ein Hase vorbei, aber er schenkte ihm keine Beachtung. Kurz darauf richteten seine gelben Seher sich für den Bruchteil einer Sekunde auf einen Fasanenhahn, der unter dem Gehölz durchhuschte, um sofort danach gespannt lauschend in die Ferne zu äugen, wo der Schnee knisterte. Dies war anders als sonst. Kein Gejohle, keine Rufe von Menschen, die in sein Revier eindrangen, kein Klopfen auf Baumstämme,

keine Schüsse auf jener Seite, wo er das Niederwild fliehen sah; und doch war der Begriff »Alarm« blutrot in sein Gehirn eingeprägt. Er federte hoch und schnürte davon, fort von den vorsichtigen Fußschritten, dem leisen Scharren im Schnee. Zwanzig Gänge weiter bekam er eine verhaßte Wittrung, verhoffte einen Augenblick und schlug dann einen Haken zum Weg, hinter dem sich eine Deckung befand, die noch dichter war als diese. Aber vor dem Wegesrand zeigte sich die Spitze eines Stiefels, und er machte kehrt, bis er auf einen Querpfad stieß. Dort schien niemand zu stehen, doch er ging kein Risiko ein, lief eine Strecke parallel zum Holzweg tiefer in den Wald hinein und äugte, was er befürchtet hatte: noch ein Paar Stiefel. Wieder zog er tiefer in die

Deckung, kreuzte die Spur des Treibers und drückte sich zehn Sprünge weiter unter einen verschneiten Geißblattstrauch. Aber der Treiber kam zurück, diesmal einen Steinwurf weiter nach rechts. Als die Witterung böse und unheilverkündend in seinen Windfang drang, sprang er unter dem Geißblatt hervor, um erneut das Karrée der Waldpfade abzuschnüren. Nach einigen Minuten langte er durch Zufall wieder bei seinem Lager an, verhoffte, einen Lauf erhoben, es ging um sein Leben. Er hechelte jetzt bisweilen vor Erregung, schloß aber jedesmal wieder den Fang, um nichts seiner Aufmerksamkeit entgehen zu lassen.

Zum dritten Male kam der Mann im weit ausholenden Zickzack zurück. Wiederum umschlug er listig dessen Wege, vernahm schließlich, wie jener die Deckung verließ und sich leise mit den Leuten auf dem Fußpfad unterhielt. Schon glaubte er, er sei wieder einmal davongekommen.

Eine Zeitlang geschah nichts. Bis sich wieder jemand näherte, diesmal aus der Richtung, in die er seinen ersten Ausbruch versucht hatte. Der Schlag war nun von Witterung erfüllt, man war ihm dicht auf der Spur, es war nicht länger zu ertragen, er fühlte so etwas wie Panik in sich aufsteigen, er, der auf den üblichen Treibjagden unzählige Male schlau genug gewesen war, sich nicht einmal blicken zu lassen. Er wartete lange, sehr lange in einem Rotfichtenbestand, der jetzt keine Sicherheit mehr bot. Als er den Mann dicht neben sich vernahm, wechselte er hochflüchtig nach links — mit rasender Schnelligkeit quer über den Waldweg.

Schwarzwild

Sauen hinter dem Wildgatter

Irgendwo (in den Niederlanden) wurde ein Wildgatter errichtet. Hinter diesem Gatter liegt ein an die zweihundert Hektar großes, bestens gepflegtes Wildreservat. An den sanften Hängen des leicht hügeligen Geländes wechseln Waldbestände mit Lichtungen ab. Das Tal wird der Länge nach von Pfaden durchzogen. Die Jagdhütte und die Futterstellen auf den Waldwiesen tragen zu der intimen Sphäre bei. Kurzum, es ist ein Paradies, bei dessen Anblick, kaum daß die Gattertore sich auftun, um das Auto durchzulassen, auch das Herz des Jägers sich öffnet. Hier verheißt das Gelände Hochwild in einer Gegend, wo nur ganz wenige Menschen es jemals zu Gesicht bekommen.

An einem windigen Samstag im Januar sind wir kurz vor Sonnenaufgang bei der Hütte. Der Jagdherr bläst einen tadellosen Willkommensgruß. Eine Woche davor haben wir von ihm zusammen mit der Einladung eine hektografierte Aufstellung all dessen erhalten, was erlaubt bzw. verboten ist: Wir dürfen nicht den Anstand verlassen, nicht selbst nachsuchen, diese Hirschkühe und Sauen wohl, jene nicht schießen usw.
Nach einer kleinen Vorlesung zur Einschärfung der Regeln geht die Gruppe auseinander, fünfzehn Treiber in einem Kleintransporter in die eine, fünfzehn Jäger zu Fuß in die andere Richtung. Die Waldwege sind leicht gefroren, der Himmel ist wolkenlos, wird es allerdings laut Wetterbericht nicht lange bleiben, die aufgehende Sonne taucht die obere Hälfte der Baumstämme in ein fahles Licht. Am hinteren Ende einer Wiese stehen ein Schaufler und ein Spießer. Sie sichern aufmerksam auf uns zu und sind, bevor wir auf ihrer Höhe angekommen sind, längst abgesprungen — weiße Damwildflecke im Zweiggeflecht des Unterholzes.
Mein erster Anstand ist auf einer T-Kreuzung am hinteren Gatter. An einer kleinen Rotfichte im zum Durchtreiben bestimmten Bestand ist ein weißes Email-leschild mit meiner — durch das Los zugewiesenen — Nummer genagelt. Die Organisaiton klappt wie am Schnürchen.
Die Waldpfade sind nicht nur sauber und geräumt, es wurden auch die Bäumchen am Wegrand geschlagen, um für den Fall schnell wechselnden Wildes ein besseres Sicht- und Schußfeld zu schaffen.

Lange bevor die Treiber zu hören sind, knackt an die sechzig Meter schräg hinter mir ein Zweig, nur einer, mehr nicht. Ich lausche gespannt, aber außer dem lauten Hämmern meines Herzens und dem Rattern eines fernen Zuges registriert mein Ohr keinen Laut. Sicherheitshalber halte ich die Büchse geschultert, den Stachel auf ein Büschel Silbergras in sechzig Meter Entfernung gerichtet. Gerade als die Kälte mich zwingt, die Büchse über den Unterarm zu hängen, um die erstarrten Finger zu reiben, wechselt mit drei Fluchten ein kleiner Keiler über den Weg. Bis ich wieder schußbereit bin, ist er längst fort, und ich verzichte darauf, ihm zwischen den Bäumen drüben einen Schuß nachzuschicken, denn das wäre angesichts des dichten Unterholzes wohl zwecklos. Bei einem Kaninchen oder Hasen und mit Schrot hätte ich es versucht, aber mit einer Kugel von 11,2 Gramm liegt die Sache anders. Der nächste Jäger steht hundert Meter weiter in einer Delle, und es sind schon Richochet-Geschosse auf merkwürdigere Abwege geraten. Es folgen keine weiteren Sauen mehr. Schließlich dringt der Lärm der Treiber zu mir durch, Stockschläge an Baumstämmen, Hopp-hopp-Rufe; dann folgen, in höherem Tonfall, erregter, andere Schreie: »Damwild voraus, klopfen, Jungs! Haltet sie vor euch!«
Anscheinend gelingt letzteres aber nicht, denn nach drei Minuten heißt es schon wieder: »Zurück!« Pech, sie gingen erst auf mich zu. Der Schlag ist jedoch gut abgesperrt. Wenige Sekunden später dröhnen im obe-

»Es wird miserabel (beschissen) geschossen«.

ren Winkel vier Schüsse, kurz danach folgt seitlich noch eine Doublette.

Das Treiben ist vorbei. Diszipliniert bleiben die Treiber solange im Gehölz vor dem Waldweg, bis das Jagdhorn erklingt. Und dann begeben sich alle zum Sammelplatz, gespannt, was die sechs Schüsse hereingebracht haben. Wahrscheinlich empfinden sie genau wie ich: Man braucht nicht unbedingt selbst zu schießen, es geht mehr darum, ein paar Stück Hochwild liegen zu sehen, am eigenen Leibe zu erfahren, wie einem beim Anblick eines großen Waldbewohners zumute ist. Es dürfte der gleiche primitive Trieb sein, der einst die Höhlenmenschen veranlaßte, sich um ein erlegtes Stück zu versammeln.

Fünfzehn Hirsche sind ausgebrochen, nicht einer hat nach einem Schuß gezeichnet, es gibt kein Schnitthaar, keinen Schweiß. Wohlan, nicht den Kopf hängen lassen, der Tag hat gerade erst angefangen! Aus dem nächsten Treiben brechen fünf Sauen aus, vergeblich wird auf sie geschossen, anscheinend ist ihre Geschwindigkeit immer größer als die gedrungenen Leiber vermuten lassen. Ergebnis des nachfolgenden Treibens: drei unversehrt das Weite suchende Stücke. Wenn aber auch nichts hereinkommt, die Spannung bleibt dennoch gewaltig; jeden Augenblick kann es ja geschehen, so ist's doch immer auf der Jagd?

Eine Stunde später stehen wir zu viert entlang einer mit Kiefernsetzlingen aufgeforsteten Lichtung, die in einem spitzen Winkel endet. An dieser Stelle würde ein Küchenstuhl als Kanzel ausreichen. Zwischen den Bäumen drüben werden die grünen Joppen der Treiber sichtbar. Vor ihnen stürmen vier Ballettänzer in die Richtung hinein und am anderen Ende wieder hinaus, ein Rehbock mit einem schwarzen Kitz auf seinen Fersen und eine Ricke, ebenfalls mit einem schwarzen Kitz im Gefolge. Links und rechts von mir fliehen sie über den Waldweg. Laßt sie ziehen, Leute! — Die Spiegel schweben unbehindert in die dichte Deckung hinein.

Damit hat es sich, und das Treiben wird abgeblasen, zuerst vom Jagdherrn, der dann von einem anderen Hornbläser der Gruppe in der Ferne abgelöst wird. Manche Treiben sind nämlich so groß, daß in diesem hügeligen Gelände sonst nicht jeder das Signal hören könnte.

Während des letzten Durchgangs vor der Mittagspause stehe ich auf einem leicht kurvigen Waldpfad — noch immer mit blankem Gewehrlauf. Lange nicht jeder kommt bei dieser Art Jagd zum Zuge, obwohl . . . Nun, Chancen können mitunter auch herbeigeführt werden, und nicht jeder ist immer gleich wachsam.

Ich schaue hinter mich durch die Tausende von dürren Zweigen hindurch und sehe eben noch, wie ein schwarzer Rücken sich fünfzig Gänge weiter nach rechts in die Deckung schiebt. Eine frühe Sau, die mich durch ein Gestell eräugt und zweifelsohne ihren Kurs geändert hat, um weiter unten über den Pfad zu fliehen. Mit der Büchse im Anschlag lasse ich den sechsten Sinn entscheiden, wohin der Stachel gerichtet werden soll. Wenige Sekunden später weiß ich, daß ich mich um zehn Meter geirrt habe. Eine graue Bache wechselt hochflüchtig in der Kurve des Pfades. Bums! — Auf den Schuß reagiert sie, indem sie wie ein ausschlagendes Pferd die Hinterläufe hochwirft, während sie über die hohe Böschung des nächsten Bestandes verschwindet. Jetzt heißt es, gespannt warten und den strengen Anweisungen gehorchend den Anstand nicht verlassen, bevor das Treiben abgeblasen wird.

Endlich, ganze zwanzig Minuten später — und das ist eine lange, lange Zeit! — dürfen wir dann doch. Auf der Böschung liegt ein Stück Wildbret, und vier Meter weiter zeigt der weiche Waldboden die tiefen Spuren einer sich überschlagenden Sau. Kein Schweiß, kein Schnitthaar. Was tun? Es folgt ein dichter Kiefernbestand. Wir gehen ein Stück hinein — auf der Suche nach einer Stecknadel. Der Hund wird geholt — meine Hündin Diana, der Hund des Jagdherrn wurde vor kurzem überfahren. Meine Chess*)-Hündin hat allerdings keinerlei Erfahrung mit Schwarzwild. Sie faselt lange am Anschuß, will schon ins Holz hinein, stochert aber augenscheinlich nur herum. Trotzdem versuchen wir es weiter. Ich folge Diana, so gut es geht, durch das dichte Gestrüpp, denn sie sucht verloren am besten vom Riemen geschnallt. Hundert Meter weiter gibt sie einmal schrill Hals und rennt jaulend, mit der Rute zwischen den Läufen zu mir zurück. Ohne Zweifel ist sie direkt auf die Sau getreten. Als ich die Stelle aber erreiche, ist dort nichts zu sehen, auch nicht die Spur eines Wundbettes. Vom Waldpfad am rückwärtigen Ende der Parzelle dringt schummriges Licht zwischen den Kiefern durch. Ist die Sau hier übergewechselt? Wenn Diana in dieser Diziplin etwas besser geschult worden

*Britische Jagdhundrasse. Chesapeake Bay Retriever.

wäre, hätte sie das Stück möglicherweise stellen können, jetzt aber zieht sie es vor, dicht in meiner Nähe zu bleiben. Wahrscheinlich hat sie einen ausgewischt bekommen. Leider wurde von den vier Pfaden um die Parzelle ausgerechnet dieser nicht beobachtet.

Suchend geht's in den nächsten Schlag: Krüppelholz unter hohen Kiefern. Markiert Diana, oder springt sie nach ihrem aufregenden Abenteuer nur ziellos hin und her? Wir folgen ihr, gefunden wird nichts. Als wir uns schon ziemlich weit entfernt haben, rufen die im Kiefernbestand zurückgebliebenen Männer uns hoffnungsvoll zu, sie hätten gehört, wie eine Sau direkt vor ihren Füßen geflohen sei. Also wieder zurück — suchen, hoffen, Zweige, die einen pausenlos ins Gesicht schlagen, alles umsonst. Der Jägermeister bittet uns, zur Hütte zurückzukehren, um unsere Brote zu verzehren, es sei schon reichlich spät für die Mittagspause. Das nächste Treiben würde sich anschließend über diese und die angrenzenden Waldparzellen erstrecken.

Nach einer halben Stunde sind wir wieder an Ort und Stelle, und mit uns der Regen. Doch obwohl der Schlag jetzt von der gesamten Treibergruppe durchgetrieben wird, bleibt die Sau unauffindbar. Mir ist elend zumute, denn ich bin sicher, daß ich das Stück getroffen habe, zwar nicht mit einem schönen Blattschuß, aber doch tödlich. Nur der Jägermeister erlegt mit einem guten Schuß direkt unterhalb der Teller noch einen pechschwarzen Überläufer, der anscheinend während unsrer Abwesenheit in diesen Schlag übergewechselt ist.

Im Verlauf des Nachmittags werden noch ein paar Treiben durch Schläge vorgenommen, in die die kranke Sau möglicherweise übergewechselt sein kann, auch diese Treiben sind vergeblich. Das weitere offizielle Programm wird absolviert. Kurz bevor es dunkel wird, streckt mein Nachbar ein hochflüchtiges Damkalb mit einem schwierigen Treffer. Es floh so schnell über den Weg, daß ich es für ein Reh gehalten hatte, und war auf der Stelle tot.

Wir gehen zurück. Die Jagd ist vorbei. Auf der Blöße vor der Hütte sind zu beiden Seiten der auf Fichtenzweigen gelegten Strecke Holzfeuer gezündet. Vier jagdhornführende Jagdaufseher des staatlichen Wildreservats sind eingetroffen, um zusammen mit dem Jägermeister nach allen Regeln der Kunst das Halali zu blasen. Es war ein unvergeßlicher Tag. Aber weder beim Beisammensein danach in der Hütte, noch während der Heimfahrt mit den Klängen des großen Halali in den Ohren kann ich genug abschalten, um nicht noch in meinem Bett nachzugrübeln über die Sau, die, ich weiß es, krank ist. Bei Anbruch eines neuen Tages sollte in den Überlegungen eines jeden Jägers immer wieder folgender Vorsatz großgeschrieben sein: Lieber nicht schießen als krank schießen. Wie ist das aber bei der Sauenjagd zu realisieren?

So endete es gestern abend. Und heute stehen wir zu viert — der Jagdherr mit seinem Sohn Peter, der Jagdaufseher und ich — wieder am Anschuß. Es ist die übliche Konferenz: Hier stand ich, dort wechselte die Sau als sie dreiviertel des Weges überquert hatte, schoß ich . . .

Ohne große Hoffnung betreten wir wieder den Kiefernschlag; diesmal wollen wir der Richtung, die die Sau vermutlich eingeschlagen hat, folgen, bis es nicht mehr weiter geht. Als ich die Stelle erreiche, an der die Hündin gestern angeschlagen und gejault hat, wedelt sie fleißig mit der Rute. Wenn es um einen Fasan ginge, würde man jetzt sagen: sie hat ihn. Dann zieht Diana nach, und nach einer Weile spreizt sie wie eine böse Katze die Schwanzhaare.

Sie bleibt auf der Stelle kleben, noch wage ich es nicht zu hoffen, gehe aber trotzdem hin, weil die Richtung stimmt. Im Heidekraut zwischen mir und Diana zeichnet sich eine unnatürlich runde Linie ab. Noch erwarte ich nichts. Doch beim nächsten Schritt wird alles deutlich sichtbar: die grauen Borsten, die Läufe, der lange Wurf.

Ringsum Freude, Genugtuung, strahlende Gesichter. Dies ist in der Tat eine der wohltuendsten Erlebnisse auf der Jagd: das Finden eines krank geschossenen Stückes.

Wahrscheinlich hat die Sau, nachdem sie Diana jenen Hieb versetzt hatte, sich nur noch zehn Meter fortgestohlen und dann unter eine kleine Tanne gedrückt, um dort zu verenden.

Sie hat den Schlag niemals verlassen.

Herbstsauen

Der Wald war von den lang anhaltenden Regenfällen der letzten Tage durchnäßt, doch jetzt schien die Sonne, und es fror leicht, so daß die am Boden liegenden Buchenblätter, mit einer glitzernden Eisschicht überzogen waren. Als erstes sollte am Nachmittag Schwarzwild gejagt werden. Die Hunde der Jäger wurden angeleint oder in den Autos abgelegt. Schweigend gingen wir über die stillen Waldwege zu einer länglichen, mehrere Hektar großen Parzelle, die die besten Chancen bot. Auf jede der Längsseiten kam ein Schütze, an der Schmalseite vorn stellten sich zwei Rücken an Rücken auf. Die Treiber sollten von drüben mit der Meute der Hetzhunde starten; sie waren noch nicht zu hören, hatten aber sicherlich ihre Posten bereits bezogen. Ein Pfiff bedeutete, daß auch der Jäger, der den weitesten Weg zurücklegen mußte, seinen Anstand erreicht hatte und das Treiben anfangen konnte.

Vorerst war es noch still. Ich stand vorn und überlegte,

welches der beiden Gewehre ich in der Hand halten sollte — bei dieser Art Treiben immer eine schwierige Entscheidung. Hält man die Büchse bereit, so kommt todsicher ein frühzeitig räumender Hase, ein tieffliegender, geräuschloser Fasan oder eine Schnepfe, denen man höchstens — vergeblich — hinterher schießen kann. Hat man den Doppellauf in den klammen Händen, dann kann man womöglich jene heiß begehrte Sau verpassen, die jedoch nicht unbedingt kommen muß, usw.

Ich entscheide mich für die Flinte, sicher, wie ich war, daß die Sauen von den Treibern angekündigt würden; außerdem könnte ja mal ein Fuchs kommen. In der Ferne wurde das bekannte Klopfen auf Baumstämme vernehmbar, die Hunde waren merkwürdig ruhig, offensichtlich war keine Hetzspur von Haar- oder Federwild vorhanden.

Mitten in der Parzelle rührte sich etwas, begann, sich nach rechts zu bewegen. Man konnte den raschelnden Zweigen folgen, bis das Stück die Deckung verließ und sich als einen besten Bock erwies, der nun unbehindert das Weite suchte. Ein paar Minuten später kam etwas Schweres direkt auf uns zu. Hastig schob ich die Sicherung nach hinten, warf den Doppellauf vor mich ins Moos und griff zur Büchse. Mit einem Krachen und Rascheln näherten sich irgendwelche Vierfüßler.

Der Rand des Bestandes war dicht bewachsen, die ursprüngliche Lärchenbepflanzung mit Douglastannen und Krüppelholz durchsetzt. Ein Gestell, vermutlich ein Wechsel, führte aber ins Holz; hierdurch hatte man etwa zwölf Meter Sicht. Ein Stück kam näher, erschien plötzlich im Gestell: ein Keiler! Bei unsrem Anblick erschrak er genau so sehr wie wir bei seinem und stand nach einer technisch perfekten Vollbremsung wie festgenagelt, wobei er ein kräftiges »Uff!« ausstieß, genau wie ein Hund. Hinter ihm verhoffte eine zweite Sau, unsichtbar; vom Keiler war übrigens nur die Mitte des Rumpfes zu sehen, der Kopf war verdeckt, so daß man keine Gewehre ansprechen konnte. In das Treiben hineinschießen kam natürlich nicht in Frage, wir mußten also abwarten. Das Rufen und Klopfen der Treiber kam näher, und die Sauen begannen, nach rechts zu wechseln, so daß wir sie nicht mehr sehen, nur noch hören konnten. Nach wenigen Metern verhofften sie erneut, ohne Zweifel schlaue Berechnungen anstellend, wo sie am sichersten ausbrechen könnten. Wir warteten

darauf, was sie tun würden, die Spannung besorgte uns eine Gänsehaut. Ich hielt die Büchse geschultert, um den Waldweg bis zur Ecke zu decken. Die Sauen ließen die Treiber nahe herankommen, bis auf etwa fünfzig Meter von uns entfernt, dann polterten sie schräg nach vorn zu der von der Büchse bestrichenen Ecke. In solchen Sekunden gehen einem eine Menge Gedanken durch den Kopf.

Später, viel schneller und außerdem zwanzig Gänge weiter als erwartet wechselte ein Keiler über. Peng! Im Moment des Abzugs wußte ich bereits, daß es daneben ging, der Stachel lag im entscheidenden Augenblick eben über dem Ziemer des Stückes. Fieberhaftes Riegeln, gerade noch rechtzeitig für die Bache; ein zweiter Schuß echot tausendfach durch den Wald. Wieder daneben, diesmal weit gefehlt. Ja, wer Sauen jagen will, muß schon ein Meisterschütze sein. Wenn aber der klitschnasse Jagdaufseher aus der Dickung auf den Weg tritt und mit vor Erregung geröteten Wangen fragt, ob ein Stück hereingekommen ist, steht man doch ziemlich verdattert da!

Während ich ihm zeigte, wo die Sauen ausgebrochen waren, hörten wir mitten in dem durchgetriebenen Schlag ein Klagen, das anders klang als beim Kaninchen oder Hasen: höher und kehliger im Ton. Das Quieken kam näher, und schon bald sahen wir, wie einer der Saufinder einen lauthals schreienden Frischling an einem Zipfel der Schwarte auf uns zu schleppte. Kurz vor dem Jagdaufseher sprang einer der inzwischen geschnallten größeren Hunde ins Holz, packte das kleine Kerlchen und, bevor der kernig fluchende Jagdaufseher eingreifen konnte, zerquetschte der Hund es vor unseren Augen wie einen Hasen. Wir hörten die Rippen knacken.

Der zehn Tage alte, zu allem Unglück auch noch weibliche Frischling verendete uns unter den Händen, ein Jammer drum. Die Chance, einen Frischling groß zu ziehen, würde jetzt wieder Jahre auf sich warten lassen. Die rosa Zunge hing dem Frischling aus dem schweißigen Gebrech, die Streifen auf seinem Rücken waren von der Meisterhand der Natur gezeichnet, und wenn man die Nase in die Wolle steckte, atmete man neben einem Hauch von Hausschweingeruch die starken, reinen Düfte des Waldes ein.

Traurig!

Den Spuren der großen Sauen wurde noch ein paar hundert Meter gefolgt, doch nirgendwo lag Schweiß, und schließlich gingen wir zur Jagd auf anderes Wild über. Und doch verfolgte mich während des restlichen Nachmittags und noch bis spät in die Nacht das Bild der zwei vierschrötigen, schwarzgrauen Gestalten, die vor mir über den Waldweg geflohen waren, und des verendenden Frischlings, dessen unbeschwertes Leben ein zu frühes Ende genommen hatte.

Vielleicht war es doch ganz gut, daß ich gefehlt hatte, die zweite Sau könnte sehr wohl die Mutter des Frischlings gewesen sein, und wenn ja, dann hatte sie bestimmt mehrere.

Schneesauen!

Bis eine Stunde vor Sonnenaufgang etwa hatte es geschneit, danach hatte der Himmel sich aufgeklärt. Es lagen nur wenige Zentimeter Schnee, doch das genügte dem Jagdaufseher. Um dem nächsten Schneeschauer zuvorzukommen, ging er noch während der Dunkelheit mit der Lampe hinaus, um festzustellen, wo Fuchs und Sau ihren Tageseinstand bezogen hatten.

Der Wald war groß, und gut brauchbare Tritte im Neuschnee findet man nicht oft. Außerdem drängte die Zeit, schon war der Himmel wieder mit einer grauen Wolkendecke verhangen, aus der die ersten Schneeflocken taumelten. — Aber gekonnt ist gekonnt: Bevor die frische Schneedecke sich über den Altschnee gelegt hatte, meinte der Jagdaufseher das Gesuchte gefunden zu haben: eine Fährte von drei Sauen hinein in einen jungen Douglasschlag. Eine hinausführende Fährte war nicht zu sehen, allerdings fiel der Schnee inzwischen auch wieder in Massen. —

Nach Hause zurück, um gemeinsam mit dem Jägermeister zu überlegen. Die schwierige Frage war, ob es sich lohnte, die benötigten, ausnahmslos vielbeschäftigten Jäger an einem Wochentag aus ihrer Arbeit zu holen.

Die Sauen könnten immerhin doch noch weitergezogen sein.

Schließlich wurde der Knoten durchgehauen: Die Schützen, die sich bereits für den Abend angesagt hatten, um nach einer Ricke zu sehen, wurden telefonisch gebeten, ein paar Stunden früher einzutreffen. Das taten wir also nachmittags um drei. Sobald der letzte Mann die Hütte betrat, eilten wir ins Feld. Die Sonne schien aus einem wolkenlosen Himmel herab. Der Wald zeigte sich von seiner besten Seite. Unberührt lag die weiße Welt unter den beschneiten Zweigen.

Die vier Seiten des Jagens wurden mit je einem Schützen besetzt. Das reichte natürlich nicht aus. Für den Fall, daß die Douglaskultur aber kein Schwarzwild beherbergte, wäre es doch etwas übertrieben gewesen, noch mehr Stützen der Wohlfahrtsgesellschaft aus dem Verkehr zu ziehen.

Ein alter, erfahrener Rüdemann mit einem Saufinder betrat das Jagen, gleichmütig, furchtlos. Der Wind blies seitlich in einen Winkel des Jagens, so daß ein breiter Steifen von menschlicher Witterung frei blieb, bis auf die des Treibers selbstverständlich. Wir hörten ihn auf das Holz klopfen, »Brr!« rufen und die sonstige Geheimsprache der Treiber sprechen, mit der das Wild hochgemacht wird. Aus den an- und abschwellenden Geräuschen konnten wir folgern, daß er im weitausholenden Zickzack durch das Gelände ging. Die Spannung ließ uns das Herz in der Kehle schlagen, aber zehn Minuten lang — eine Ewigkeit! — geschah nichts. Hatte der Jagdaufseher sich doch geirrt? Ich hatte vollstes Vertrauen in sein Urteil, denn er kennt den Wald wie seine Westentasche, und ich habe ihn bis jetzt noch keinen Fehler machen sehen.

Außer den Geräuschen des Mannes im Schlag durchbrach nichts die Stille. Ein paarmal kam der kleine Saufinder zum Vorschein, wurden Gewehre geschultert und enttäuscht wieder heruntergelassen.

Dann plötzlich eine kurze Unmutsäußerung, wie ein Bellen, mitten im Jagen, sofort danach die lauten Rufe des Treibers, zuerst »Sau nach hinten!«, gefolgt von »Sau nach rechts!«. Durch das mit lautem Krachen brechende, gefrorene Unterholz näherte sich mit donnerndem Getöse ein schwerer Körper gegen den Wind. Eine solche Bahn zieht sich länger hin, als die gespannte Erwartung es sich ausmalt, aber schließlich war es dann doch soweit: Wie ein schwarzer Teufel sprang ein gutes Schwein aus der Deckung, mit einer Flucht auf den Holzweg, mit der nächsten schon halbwegs in den jenseitigen Lärchenbestand. Doch in die zweite aufsteigende Linie des gefederten Rückens knallte der Schuß. Die Sau zeichnete in keiner Weise. Mit der Geschwindigkeit eines Pferdes ging sie zwischen den Lärchen hochflüchtig ab. Nach fieberhaftem Riegeln peitschte ein zweiter Schuß durch die Schneise. Jegliche Reaktion blieb aus, und fort war das Urtier — aus der Welt. Erneutes Warten. Der Saufinder kam nun alle zwei Minuten aus der Dickung. Offensichtlich hatte die Sau ihm einen Hieb versetzt, denn er traute sich nicht mehr weiter als zehn Meter ins Gestrüpp und jaulte leise vor sich hin. Dieses Rändeln verwirrte uns. Ein kleiner, gräulich beschneiter Überläufer floh auf derselben Fährte mit rasender Geschwindigkeit quer über den Weg. Der Schütze war so sicher, es wieder mit dem Hund zu tun zu haben, daß sein erster Schuß zu spät kam. Der zweite Schuß in den Lärchenbestand traf einen Baumstamm, und der Überläufer erschrak dermaßen, daß er seinen Kurs um neunzig Grad änderte.

Schließlich — inzwischen war eine gute halbe Stunde vergangen — schob sich etwas mit leisem Knacken vorsichtig fast bis zum ersten Schützen heran: eine Sau — die gerissenste, wahrscheinlich die stärkste und älteste der drei, die das Terrain sondierte, um an der günstigsten Stelle auszubrechen.

Leider jaulte in diesem Moment das Hündchen, das zu Füßen des Jägers saß und die Sau wahrscheinlich ebenfalls vernommen hatte. Jegliche Bewegung in der Douglaskultur erstarrte, und wenige Sekunden danach fiel am anderen Ende ein Schuß. Anscheinend hatte die Sau den Bestand blitzschnell und praktisch geräuschlos durchquert und war drüben ausgebrochen. Es war tatsächlich ein grobes Schwein gewesen.

Nach drei Viertelstunden begann die Nachsuche. An der Stelle, wo die ersten beiden Sauen ausgebrochen waren, lag weder Schweiß noch Schnitthaar. Der Mann, der geschossen hatte, stand etwas verschämt dabei.

»Laßt uns das Jagen umschlagen«, sagte der Jagdaufseher.

Und ab ging es — mit gemischten Gefühlen. Sollte auf der Seite, auf der wir zuerst standen, wirklich alle Mühe umsonst gewesen sein? Mit solchen ausgezeichneten Chancen?

Als wir um die Ecke bogen, war schon von fern eine Reihe aufgeworfener Tritte sichtbar. Lag ein roter

Schimmer über dem Schnee, oder machte das die gespannte Erwartung? Beim Näherkommen verging uns der letzte Zweifel: Ein breiter Streifen von Schweißspritzern begleitete die Tritte. Zwanzig Meter weiter: die Fährte einer zweiten Sau — ohne Schweiß. Wir folgten der Rotfährte. Der Schweiß wurde üppiger, zweihundert Meter weiter folgte eine noch breitere Fährte, und hinten in einem hohen Kiefernbestand zeichnete sich ein ermutigender Halbkreis am Boden ab: die bereits verendete Sau. Blattschuß.

Den Tritten der beiden anderen Sauen folgten wir einen halben Kilometer weit. Kein Tropfen Schweiß färbte den Schnee. Die Stücke waren entkommen . . . Besser so, als zum Verludern bestimmt. Übrigens unvorstellbar, daß die nun tote Sau den Kugelschlag ohne zu zeichnen aufgefangen hatte; die Durchschlagskraft der Kugel entsprach immerhin einem Gewicht von 330 kg! Als wir die Sau aufgebrochen und in den Wagen gehoben hatten und entlang dem durchgetriebenen Schlag zurückgingen, zeigte der Jagdaufseher mit einem »Es hat nicht sollen sein« auf eine aus dem Schlag führende Fährte eines Fuchses, der ruhig abgewartet und sich erst entfernt hatte, nachdem alle Gefahr gewichen war. In der frostigen Abendstille warfen die hohen kahlen Buchen um die Hütte das »Sau tot!« aus dem Fürst Pleßschen Jagdhorn in einem klaren Echo zurück. Draußen und drinnen herrschte eitel Freude. Wir waren dankbar für die hervorragende Fährtensuche und für das Hegen und Beschützen des Wildes durch diesen Jägermeister, kurzum für seine Arbeit, die es ermöglicht hatte, daß unsere tägliche Arbeit unerwartet von einem solchen Jagdereignis unterbrochen werden konnte — in einem dichtbevölkerten Land, noch dazu in freier Wildbahn!

Der Kapitale

Die Sonne steht eine Handbreit über dem Horizont. Noch haben wir September, noch trägt die Natur ihr Sommerkleid, auch wenn das Grün darin fahl und matt geworden ist. Um vier Uhr haben wir angefangen und an diesem windstillen Abend das Auto schon zweimal zurückgelassen, um jeweils drei Viertelstunden lang einen weiten Kreis durch die Heide zu ziehen, durch Kiefernbestände und Eichendickungen, mehrere Hügel hinauf und hinunter, um schließlich wieder einzusteigen — mit negativem Ergebnis, genauer gesagt, ohne ein einziges Stück Wild auch nur gesehen oder gehört zu haben. Es gibt eben Abende, an denen alle Waldbewohner sich in ein konspiratives Schweigen hüllen, vielleicht aufgrund atmosphärischer Störungen, für die wir das Gespür verloren haben.

Und dann verlassen wir zum vierten Male unseren vierrädrigen Umweltverschmutzer. Die Abendluft ist erfüllt von den Düften der Kiefern und der blühenden Heide, von Düften, die Erinnerungen aus grauer Vergangenheit wecken, als man noch ein kleiner Junge war und an der Hand des Vaters an unendlich vielen Sommertagen über die Heide ging, während die Soldaten in der Ferne Schießübungen machten.

Wir pirschen uns halbwegs gegen den leicht auffrischenden Wind unter schweren Kiefern voran, vorsichtig die Fußspur des anderen drückend, dürre Zweige meidend, trockene Tannenzapfen umgehend. Mindestens einen Kilometer weiter rechts meldet sich ein Hirsch mit tiefem, verstört klingendem Röhren.

Jan, der Jagdaufseher, steht still und horcht. Nochmals erreichen uns die Töne. Sie scheinen von einem betagten, starken Stück zu stammen.

Dann antwortet ein anderer Hirsch weiter links gegen den Wind. Diese Laute sind heller, gleichzeitig aggressiver, als ob dort getrieben würde.

»Dorthin!« entscheidet Jan, »drüben habe ich vor einigen Tagen einen Abschußhirsch gesehen«.

Umsichtig gehen wir weiter, jetzt durch einen niedrigeren, lichteren Kiefernbestand, an dessen Ende ein offenes, sandiges Gelände durchschimmert. Kurz vor dem Waldrand machen wir halt und schauen um uns. Das Gelände ist leicht hügelig, hier und da mit spärlichem Silbergras bewachsen, hinten und auf der rechten Seite von Kiefernholz abgegrenzt.

Plötzlich röhrt der Hirsch wieder, der Wind trägt die Laute zu uns herüber, so daß sie aus nächster Nähe zu kommen scheinen. Doch als wir mit dem Feldstecher das Gelände ableuchten, entdecken wir in gut zweihundertfünfzig Meter Entfernung nur den Rücken einer Hirschkuh über einer Bodenwelle. Sie äst vertraut, sichert kaum. Als ich den Feldstecher absetze und mein Blick auf Jans Hinterkopf fällt, merke ich, wie er erstarrt. Ich richte den Feldstecher erneut und sehe nun, was er sieht: ein Geweih. Nur ein Geweih. Es ragt eben über das auf einer kleinen Anhöhe wachsende Silbergras hinaus und ist schwer anzusprechen. Jan zählt die Enden: fünf auf der einen, sechs auf der anderen Seite. Ist es der ungerade Zwölfer, der hier steht und geschossen werden darf?

Das Geweih verschwindet von Zeit zu Zeit, kommt dann langsam, unwahrscheinlich groß wieder zum Vorschein. Der Hirsch hat sich offensichtlich am entlegenen Hang niedergetan und suhlt sich im Sand. Ab und zu meldet er sich mit gedehntem, mürrischem Knören. Wir warten.

Ist er es, oder ist er es nicht?

Die Hirschkuh zieht nach rechts. Und mit einem Mal wird der Hirsch hoch und wechselt auf diese Seite des Hügels, um sie zu treiben. Sie trollt in die Deckung ab, der Hirsch verhofft und röhrt ihr nach, ein kleines, dunkles Kalb macht einen ehrfurchtsvollen Bogen um den Geweihträger und folgt seiner Mutter.

Eine zweite Kuh ist inzwischen auf der Sandfläche erschienen. Sie äst, ohne sich um ihre Umgebung zu kümmern. Der Hirsch dreht sich um und steht nun in voller Breite quer. Kapital!

Das Licht ist jetzt etwas gedämpfter, da die Sonne niedriger steht, reicht zum Ansprechen aber noch gut aus. Jan zögert. Schließlich ist es eine schwere Entscheidung. Langsam verrinnt die Zeit. Wie lange wird es noch dauern, bis das ganze Rudel fortzieht?

Dann aber sichert der Hirsch einen Augenblick mit erhobenem Haupt schräg auf uns zu.

»Schieß!« flüstert Jan, mit einem Mal fest entschlossen, »er ist es!«

Ja, ja, schießen soll ich, aber wie? Der Hirsch hat sich wieder niedergetan, wälzt sich im Sand herum und stößt mit dem schweren Geweih Löcher in den Boden, so daß der Sand aufwirbelt.

Außerdem ist die Entfernung zu groß. Ich werde hingehen müssen.

Ein kleines Hügelchen gute fünfzig Meter vor uns scheint die geeignetste Stelle zu sein. Ich pirsche mich auf Ellbogen und Knien heran, die Büchse fünf Zentimeter über dem Sandboden — kein Honigschlecken. Der Hirsch röhrt wieder, sehen kann ich ihn nicht, traue mich auch gar nicht, den Kopf zu heben. Jetzt kann es eigentlich nur noch schief gehen, wenn ein Tier oder ein Kalb seitlich aus der Deckung Alarm schlägt. Es geschieht aber nichts, und ich erreiche den Sandbuckel. Als ich darüber hinweg gucke, sitzt der Geweihträger im Sand. Ich will ihn aufs Korn nehmen, aber nun erweist sich die winzige Anhöhe als zu niedrig: Wenn der Kolben an die Schulter gelegt wird, zeigt der Lauf zu weit nach unten. Mit der linken Hand den Lauf steuern wäre die Lösung, aber die Entfernung bis zum Ziel beträgt gut hundertfünfzig Meter, und bei einem solchen Geschehen macht das Jagdfieber die Hand auch nicht gerade ruhiger. Mit der rechten Hand grabe ich eine Furche, um Platz für den untersten Punkt der Schaftbacke zu schaffen. Doch als das Fadenkreuz dann endlich den fernen Hirsch erfaßt, liegt der Kolben kurz unter meiner Schulter.

Der Hirsch wird hoch. Jan hat sich neben mich gelegt.

»Geht es nicht?«

»Ich kriege die Büchse nicht gut hin, Jan«, sage ich.

Er nimmt den Hut ab, legt ihn unter den Lauf.

»So gut?«

»Noch nicht ganz.«

Er zieht mir den Hut vom Kopf, löst den Feldstecher von seinem Hals und stapelt alles aufeinander . . . Ach ja, es ist wohl besser, wenn ich mein Gestümper hier ganz offen bekenne.

Der mächtige Rumpf dort drüben steht immer noch quer, rotbraun auf gelbem Sand. Ein zorniges Röhren antwortet dem rufenden Rivalen. Das Fadenkreuz ruht auf dem vom Schulterblatt und Oberarm gebildeten Winkel. Ich höre den Kugelschlag nicht, sehe aber durch das Zielfernrohr den Hirsch aufspringen und stürzen, sich wieder aufrichten und erneut stürzen.

»Schieß nochmal!« sagt Jan.

Nach dem zweiten Schuß warten wir zehn Minuten. Der Hirsch liegt dreißig Gänge vom Anschuß und rührt sich nicht mehr. Mein Herz will sich gar nicht beruhigen.

Endlich trauen wir uns, hinzugehen. Der Riese ist gestreckt. Wir messen die Schußentfernung: 165 Meter. Bei näherer Betrachtung ist es tatsächlich der bestimmte ungerade Zwölfer, der freigegeben war.

Der Bruch, das Waidmannsheil, die Totenwache, das Aufbrechen. Der erste Schuß hat Herz und Lungen zerfetzt. Ein penetranter Brunftgeruch erfüllt die Abendluft. Einen solchen Hirsch habe ich noch nie geschossen.

Später, auf dem Wagen ist es ein atemberaubender Anblick: der massige rote Körper mit den dunklen Brunftmähnen, der borstige Rückenstreifen, das riesige Geweih, der letzte Bissen quer im Fang . . . Irgendwo in der Magengegend empfindet man ein sonderbares, niemals exakt definierbares Glücksgefühl.

Während wir, holpernd und schaukelnd, langsam nach Hause fahren, schleicht die Nacht auf leisen Sohlen herbei und legt sich über die Heide, auf der die vereinzelten Schlangenkiefern nun zu tanzen scheinen, so daß man sich gut vorstellen kann, wie jene alten Sagen und Volksmärchen über sich bewegende Bäume einmal entstanden sind.

Eine vom Blitz gespaltene und gefällte Kiefer breitet ihre weiße, entrindete Krone in zwei gleichen Teilen über den Boden aus, als wäre dort ein vorsintflutlicher Mammuthirsch vornübergestürzt und verendet. Kurz danach ragt eine junge Douglastanne eben über die Vogelkirschen hinaus: ich hätte schwören können, daß ein regungsloser Rehbock auf uns zu sicherte. Und was ist denn das, der große braune Fleck dort vor dem Nadelholz? Ist es ein liegender Hirsch mit dem Haupt zur rechten, den Läufen zur linken Seite? Das Fernglas enthüllt, es ist ein dürrer Ast, bei siebenfacher Vergrößerung schaut man glatt hindurch, sogar bei diesem Licht.

Die Sinnestäuschungen gaukeln einem bei jeder Kurve des Weges spukhafte Erscheinungen vor, die entweder davonschweben oder sich bereits auf der Stelle auflösen.

Und als dann urplötzlich — der Weg macht hier einen sanften Bogen — ein breit gekröntes Haupt regungslos auf die Eindringlinge zu sichert, spürt man bis in die tiefsten Tiefen seines Wesens, wie hauchdünn nur die Trennungswand gewesen sein muß, die durchstoßen wurde, als im Rahmen der Evolution jener Schritt von der Pflanzen- zur Tierwelt gemacht wurde. Als nach langwierigen Versuchen und unendlich vielen Fehlschlägen das Tier als eine Art Auslese entstanden war, konnte es der Wurzeln entbehren, war dafür mit Auge, Ohr, Nase, mit schnellen Füßen und dergleichen Attributen gerüstet, und doch blieb es so fest mit seinem Nährboden verbunden, daß sogar seine Konturen und Farben noch denen seines Lebensraums entsprechen.

Der massige Rumpf macht eine Wendung. Das gerade Geweih zählt vierzehn Enden. Nun erst werden kurz hinter dem Hirsch drei Kühe, zwei Kälber und zwei Schmaltiere sichtbar. Das ältestes Tier springt ab, das restliche Kahlwild folgt nach und nach. Der Hirsch, Großmeister in der Loge vom elften oder zwölften Kopf, schreitet majestätisch hinterher; mit herablassender Ruhe gibt er dabei drei- bis viermal sein Blatt frei, dann wird das Rudel von der Finsternis der Sicht entzogen. Vorhang zu.

Bei Jan zu Hause zuerst ungläubiges Staunen, dann Begeisterung, Betasten des riesigen Körpers und des Geweihs. Noch einmal wird das »Hirsch tot!« geblasen, und noch lange geht der Kognak um, um des Dahinscheidens eines Königs in Ehrfurcht zu gedenken, eines Königs der Wälder und Fluren, der Heide- und Silbergrasflächen, dessen Zeit unter der Sonne herum war, weil er besseren Vererbern Platz machen mußte.

Der eigentliche Triumph ist aber nicht das endgültige Krummachen des rechten Zeigefingers, sondern das Zu-vollem-Wachstum-Bringen und das Erhalten derartiger prachtvoller Schöpfungen der Natur.

Das Land der Gänse

Am Nordrand des alten Städtchens fängt der Polder an; er hat gerade eine siebenwöchige Überschwemmung überstanden, die das Gras grau färbte und auf den wenigen Wegen eine glitschige Schlammschicht hinterließ. In der Ferne die Silhouetten einer typisch holländischen Flachküstenlandschaft: Bäume, in Reih und Glied auf ursoliden Deichen geordnet, gespenstische Pappelwäldchen, Kirchtürme, die, bedingt durch die Rundung unsrer guten Erde, aus dem Wasser zu ragen scheinen, triste Kraft- und Pumpwerke, abgelegene Wirtshäuser. Und über all diesem: Gänse!

Wie kein anderer Autor hat die schwedische Dichterin Selma Lagerlöf die Liebe zu diesen herrlichen Vögeln in der Seele des Kindes, das ich einmal war, zu wecken gewußt . . . Und Gänse, wohlbemerkt, darf man in den Niederlanden noch jagen!

Heute morgen, als wir um sieben Uhr in der Dunkelheit Rohr schnitten und über einen rutschigen Pfad in den Polder trugen, um uns am Rande eines Wassergrabens eine bescheidene Hütte zu bauen, hörten wir schon das Gackern der sich lebhaft unterhaltenden Gänse. Wahrscheinlich standen sie noch auf ihren putzigen Latschen im Moor, mit Sicherheit aber hatten ihre sechs Sinne — der sechste das Privileg des Tieres — ihnen längst die Invasion in ihre unwirtliche Domäne gemeldet.

Keuchend vor Aufregung und Anstrengung erreichten wir den vom Jagdherrn ausgewählten Graben, luden die Fracht, Patronen, Rohr, Flinten und Drahtgeflecht ab, pinnten vier Locker aus Pappe in die Erde und stellten einen dürftig zusammengebastelten Rohrschirm im Halbkreis auf. Hinter unseren gekrümmten Rücken wurde der Himmel im Osten grau mit einem Tupfer Rosa und Blau zwischen dem Wolkengebirge. Kaum saßen wir, da flog auch schon eine Schar von dreißig oder mehr Gänsen vorüber. Die Vögel zogen —

in Keilformation und für uns unerreichbar hoch — weiter landeinwärts gelegenen Weideplätzen entgegen. Während wir ihnen in der Morgendämmerung nachschauten, strichen plötzlich zwei Gänse von der gegenüberliegenden Seite im Gleitflug über mich hinweg. — Zu spät gemerkt. — Aber zwischen mir und meinem hundert Meter weiter ansitzenden Waidgenossen schwenkten sie ab, auf die Locker zu. Donnerwetter, was für Vögel! Dies war der richtige Moment: Hinter einem Schirm sprang ein Schatten hoch, zwei Schüsse, ein Flügelschlagen in der Luft, und zwei dicke Brocken stürzten zur Erde.

Kaum waren sie hereingekommen, da erschien ein Viererschoof, ging interessiert auf die Rede ein, die mein Begleiter mit zugehaltener Nase in der Gänsesprache hielt. Einmal zogen die vier Vögel einen Kreis, gelangten wohl zu der Ansicht, daß ihre Artgenossen dort unten noch einmal näher betrachtet werden sollten, begannen einzufallen, stiegen wieder höher und fielen nach einem weiten Bogen erneut ein, diesmal im leichten Zickzackkurs auf mich zu. In einem solchen Moment würde man gern bis zum Halse im Wasser stehen. —

Wackelnd hingen die Gänse jetzt schräg über mir. Noch tiefer, noch dunkler, noch lauter könnten sie kaum rufen. Ich stand auf und schoß, es sah so aus, als ob es nicht mehr daneben gehen könnte. Aber gleich darauf bekam der unerfahrene Gänsejäger eine kalte Dusche: keine der vier Gänse zeichnete auch nur im geringsten. Ohne sie zu treffen, flog die Schrotladung hinten an ihnen vorbei. Das scheinbare Stillstehen in der Luft war eine Täuschung, die Geschwindigkeit getarnt gewesen. Außerdem hatte die Körpergröße der Vögel mich dazu verleitet, die Entfernung vollkommen falsch einzuschätzen. Wie der Blitz flogen sie davon. Eine Viertelstunde vergeht nach der anderen: Gänse in Ketten, in Flügen, in Scharen . . . und in Paaren, ver-

eint fürs Leben. Die eheliche Bindung der Gänse sollte der Mensch sich zum Vorbild nehmen! — Wieder eine große Schar; Anzeichen sind vorhanden, daß sie hier einfallen will. Wort und Widerwort zwischen dem Revierinhaber und dem Jagdleiter. Oben in der Luft: Zweifel, Mißtrauen. Unten auf der Erde: klopfende Herzen, geduckte Gestalten.

Die Gänse kreisen, schwenken ab, lassen sich etwas herunter, steigen wieder auf, zwei-, dreimal um Haaresbreite in Schußweite, ordnen schließlich ihre etwas aus den Fugen geratene Gesellschaft wieder zu einer tadellosen Keilformation und fliegen in großer Höhe davon. — Zuviele Unsicherheitsfaktoren sind in diesem klar überschaubaren Polder vorhanden, als daß eine Landung noch weiter in Betracht gezogen werden könnte.

Kurz bevor diese Schar in Sicht kam, war der Jagdherr zu einer Besprechung zu mir in die Hütte gekommen. Während wir den wandernden Gänsen nachschauten, wandte er ruckartig den Kopf. Ein tief überstreichender Nachzügler versuchte, sich in schräg aufsteigender Linie zu dem großen Trupp zu gesellen. Ein Schuß peitschte haarscharf an meinem Ohr vorbei, vierzig Meter über uns machte eine Graugans einen Salto und schlug vor uns auf dem Boden auf.

»Verzeihung«, murmelte der Jagdherr, »es war eine Reflexhandlung, verstehst du?«

Um elf Uhr folgt noch ein Gänsepaar. Ich nehme — jetzt kann ich doch unmöglich fehlen — zweimal denselben Vogel aufs Korn. Und wieder bekriecht mich eine bittere Enttäuschung: Beide Gänse setzen ihren Flug fort. Doch dann beginnt die beschossene Gans zu fallen, macht noch einen langen Gleitflug und geht sich überschlagend zu Boden. — Endlich meine erste Graugans, die größere von beiden!

Danach bleibt die Luft leer, und wir kehren in ein Wirtshaus ein, trinken einen Schnaps, essen ein Schinkenbrot, schauen beim Billard zu und beantworten die Fragen der Fischer, die sich interessiert nach unseren Jagdergebnissen erkundigen.

Nach drei gehen wir erneut in den Polder. Der Schirm ist vom Ducken und Kriechen schwer mitgenommen, und Rohr, um Reparaturen auszuführen, gibt es hier nicht. Noch bevor wir ein bißchen Ordnung geschaffen haben, streicht schon wieder ein Schoof Gänse herbei, deutlich in Richtung auf die Locker, zunächst zögernd, dann aber erfreulich tief einfallend, bis die Gänse schaukelnd und gackernd vor uns hängen bleiben. Es ist eine Szene, wie sie niederländische Meister oft genug eindrucksvoll dargestellt haben.

Wie zwei plattgedrückte Käfer liegen wir am Rande des Grabens. Der homo sapiens ist höchstens noch am hochgestreckten Gesäß zu erkennen, was die Gänse jedoch nicht zu beunruhigen scheint. Sie kommen weiter herunter. Wieder bin ich der Glückliche, der zwei Schüsse lösen darf. Zwei Sekunden lang geschieht nichts, dann verlassen zwei Gänseriche den Schoof und gleiten immer langsamer herab. Einer bleibt am Boden liegen, der andere läuft davon, so schnell, daß ein Radfahrer ihn nicht eingeholt hätte. Die Hündin aber schafft es und erspart uns den Kummer um ein krankverlorenes Stück.

Der Himmel füllt sich nun wieder mit Gänsen auf dem Rückzug. Von dem Moment an, da sie in Sicht sind (und manchmal sogar eher), bis zu ihrem Verschwinden am Horizont hört man sie pausenlos schwatzen. Sie haben sich auch viel Spannendes zu erzählen über überstandene Abenteuer und Gefahren. Bilder von Schweden und von Sibiriens einsamen Tundren stehen vor dem Auge des Geistes auf. Wie lange noch wird es noch dauern, bis der königliche Vogel nicht mehr zu uns kommt . . ?

Dreihundert Gänse lassen sich einen Kilometer von uns entfernt für die Nacht in dem Polder nieder. Mein Begleiter entschließt sich, sie hochzunehmen, denn alle übrigen Ketten gesellen sich zu ihnen. Sein drei Viertelstunden langer Rundgang hat insofern Erfolg, als an die hundert Gänse in meine Richtung stieben und hier wieder einfallen wollen. Sie kreisen, überlegen, tauchen, entscheiden sich schließlich gegen die Landung und streichen ab. Und da sehe ich auch, warum: Zwei Gestalten in Schwarz — die erschreckendste Farbe im Feld — sind drüben von ihren Mopeds gestiegen und warten ab, ob nicht bald eine Gans geschossen werden wird. Als der schönste Strich vorbei ist, hängen sie noch ein Weilchen gaffend herum und machen sich dann gemächlich wieder auf den Weg. — Prost Mahlzeit!

Als der Jagdherr zurück ist, schimpfen wir beide um die Wette. Dennoch schafft er später am Tag eine besonders gekonnte Doublette, womit die Jagd dann beendet wird. Gänse gehen früh schlafen. Sie sind Tagtiere — im Gegensatz zu ihrer Mini-Ausgabe, den Enten, die sich gern in der Dunkelheit auf Weideplätzen tummeln.

Langsam zieht der Polder sein Nachtgewand über. Die Rebhühner meinen, wieder ununterbrochen gockeln zu müssen. Ein Hase hoppelt herbei, äsend, sich um seine Achse drehend. Er ist der erste, der, nachdem er Jägern, Wilddieben und Überschwemmung getrotzt hat, in dieses Grasland zurückkehrt. Einen Steinwurf von uns entfernt sieht Meister Lampe uns erst und springt ab, so schnell ihn die Sohlen tragen.

Eins nach dem anderen leuchten im Städtchen die Lichter auf, die Kirchtürme mahnen mit leuchtendem Zifferblatt und dünnen Glockentönen zur Rückkehr. Der Kofferraum kann Flinten, Locker, Taschen, diverses Gerümpel und die Strecke gerade fassen. Mit wegrutschenden Rädern verlassen wir schlitternd das Land der Gänse, wo sich Zeit und Ewigkeit, Kinderträume und Jagdleidenschaft berühren.

Abende mit Joseph

»Was machen wir, wenn ein Fuchs kommt?« fragt Joseph.

»Dann schießen wir,« sage ich.

Mit seinen graublauen, von Lachfältchen umrandeten Äuglein sieht Joseph mich eine Sekunde lang an, ehe er den Jagdaufseherblick wieder schweifen läßt.

Ich bin ins gelobte Land zurückgekehrt, in eine entfernte Ecke Europas. Wir sitzen am Abhang eines Hügels und warten auf einen acht Jahre alten Rehbock, der nicht nur vorne und hinten Lichter hat, sondern zudem mit dem scharfen Gehörsinn einer Eule und der Schläue eines Doppelagenten ausgerüstet ist.

Tief unter uns liegt die saftige Heuwiese, auf die er austreten muß — nur abends und nachts —, um im ersten Morgengrauen wieder den gegenüberliegenden Abhang hinaufzuklettern und sich etwa 100 bis 200 Meter höher an einer Stelle, wo er weit übers Tal äugen und von keiner Seite angepirscht werden kann, ins dichte Unterholz zu drücken.

Gestern und vorgestern, als wir von einer anderen Pirsch zurückkamen, haben wir ihn aus unserer Höhe beobachtet, wie er, von Ricken und zwei jungen Böcken umringt, auf dieser Wiese stand. Beide Male sind wir bei günstigem Wind auf Taubenfüßen hinabgestiegen, ohne auch nur einen einzigen Zweig zu knacken oder das winzigste Steinchen ins Flußbett rollen zu lassen. Aber beide Male war er bei unserer Ankunft verschwunden, während alle übrigen Stücke ruhig äsend weiterzogen.

An diesem Abend haben wir einen kilometerlangen Umweg durch eine endlos sich hinziehende, mit Telegraphenmasten bestandene Brandschneise gemacht, damit kein aufsteigendes Lüftchen oder Fallwind ihm eine Witterung zutragen konnte, und setzen uns frühzeitig hin.

Nacheinander erschienen unten auf der Wiese eine Ricke mit einem Kitz, eine mit zwei Kitzen (anmutig im Kreis um die Mutter hüpfend), ein einjähriger Spießer, ein dreijähriger Bock und noch ein Dreijähriger. Die Wiese ist ja auch zehn Hektar*) groß, die Stücke sind einander nicht im Wege, und das Gras ist dort höher als sonstwo in diesem rauhen Tal.

Es wird allmählich dunkel. Die tückischen Mücken, die in diesem Teil der Welt heimisch sind, fangen an, uns zu quälen, kommen aber nicht in ganz so dichten Schwärmen wie einst, da wir in einer starken Brise sitzen.

Die jungen Böcke raufen sich ein wenig, nur zur Übung. Da die Tierleiber ein ständig wechselndes Mosaik bilden und manchmal von hohem Gras verdeckt werden, ist es schwer und vor allem anstrengend, genau zu folgen, ob nicht ein Reh aus dem Halbdunkel des Waldrandes hinzugewechselt ist. Eins, das man mit Spannung erwartet, das voriges Jahr noch bronze war, jetzt wenigstens kapital ist, dessen Kopf einem jedenfalls Herzklopfen verursacht.

Unter den tiefhängenden Zweigen des Waldrandes steht ein Zaun, zu hoch für das Vieh, für Rehe aber kein Hindernis. Es ist eine grob zusammengeschusterte Konstruktion aus alten grauen Holzpfählen mit Drahtgeflecht dazwischen. Einer der Pfähle hat zwei Köpfe . . . Zwei Köpfe? Ruckartig fährt der Feldstecher zurück. Der zweite Kopf ist der des Bockes, so grau wie der alte Pfahl. Das Stück starrt regungslos vor sich hin. Zwischen den Lauschern erhebt sich ein kleines Rotwildgeweih. — Nun ja, die Einbildung wird das Gehörn wohl auch etwas höher gemacht haben! — Der Bock mag da schon zehn Minuten verhofft haben. Ich puffe Joseph in die Seite und gebe ihm ein Zeichen mit den Augen. Er richtet den Feldstecher auf den Bock und flüstert erregt: »Das ist er!« Wir warten. Die Spannung steigert sich. Mein Gott, was für ein Gehörn!

*)diese enorme Größe wird hier tatsächlich angegeben — Anm.d.Übers.

Wenn der Bock über den Zaun springt, wird er noch gut fünfzig Gänge ziehen müssen, um in Schußweite zu gelangen, und dann beträgt die Entfernung immer noch 150 Meter oder mehr. Wir warten und warten . . . Ob das Herz sich denn nie mehr beruhigt? Die Dunkelheit legt sich wie ein Nebel über die Felder. Der Bock rührt sich nicht. Dann endlich leckt er sich ungeduldig das Blatt, zieht ein paar Gänge den Zaun entlang und verhofft wieder. Die jungen Böcke äugen nach ihm und ziehen ein wenig zur Seite. Er wird ihnen so manches Mal Zunder gegeben haben. Und dann — heiliger Hubertus, noch ist Hoffnung, wenn er nur etwas näher käme! — springt er über den Zaun und steht sichernd gleich darauf wieder wie aus Stein gehauen.

In diesem Moment erklingt das Schmälen einer Ricke. Ich richte vorsichtig das Fernglas auf sie. Der Bock ist noch nicht in Schußweite. Die Ricke äugt zur Seite und macht eine aggressive Bewegung. Und dann sehe ich, warum: Durch das Gras wellt sich eine rote oder auch rötlich gelbe Schlange. Ein Fuchs, ein ruhig schnürender Fuchs. Joseph dreht den Kopf nach mir um. Zweifelt er, ob ich Wort halten werde? Eine innere Stimme hat längst für mich entschieden. Der Fuchs steht ab und zu fast still, die Nase dicht über dem Boden. Mäuse oder große Grillen werden seinen Weg gekreuzt haben. Das Fadenkreuz findet sein Blatt, neigt sich wegen des nun leicht ausschreitenden Ganges zehn Zentimeter nach vorn. Die Kugel geht ab und trifft ihn voll in die

Seite. Joseph versetzt mir einen kräftigen Schlag zwischen die Schulterblätter. Es waren über hundert Meter.

Als ich mich umsehe, hat der große Bock sich in Luft aufgelöst. Der eine Dreijährige verläßt in hohen Fluchten die Wiese, begleitet von der Ricke mit dem einen Kitz. Der einjährige Spießer steht stocksteif und sichert, als ob er nie mehr schlau daraus würde. Die Ricke mit den zwei Kitzen schimpft nach wie vor mit dem nun toten Fuchs, denkt wahrscheinlich, daß er es war, der soviel Lärm gemacht hat. Und der andere Dreijährige flieht hinter der dritten, Haken schlagenden Ricke her, wobei sein Windfang fast ihren Spiegel berührt. Wir warten noch zwanzig Minuten. Vielleicht kommt der Alte zurück. — Nach dieser natürlich völlig sinnlosen Wartezeit steigen wir hinab und sehen uns den Fuchs an. Eine dreijährige Fähe. Das Gesäuge ist trocken. Zum Glück.

II

Es ist ein glutheißer Tag gewesen. Aber als ich mich um halb sieben mit Joseph treffe, hat er nichts an seiner Standardkleidung geändert: eine verschossene Schirmmütze, eine zerschlissene, karierte Jacke, ein ebenfalls arg mitgenommenes wollenes Oberhemd mit weißem Knopf unter dem Adamsapfel — auffallend weiß, da die Krawatte fehlt —, eine gelbe Kniehose und blitzblank geputzte schwarze Knobelbecher mit Eisenbeschlag unter den Spitzen. Unter all diesem Zeug steckt Josephs kleine Gestalt, die in Haltung und Gestik jene Ruhe ausstrahlt, die in vielen Stunden des Alleinseins in der Natur erworben wurde.

Hat es Sinn, nach dem alten Bock auf der Wiese Ausschau zu halten? Nein, das hat die ersten fünf bis sechs Tage keinen Sinn. Er sollte in Ruhe gelassen werden. Er ist aber nicht der einzige Methusalem!

In diesen unheimlich weiten Wäldern liegt ein altes Gut. Das frühere Herrenhaus existiert nicht mehr, es stehen nur noch drei sattelförmige Scheunen mit Haubendach, die als Wochenendquartier dienen. Weit und breit ist jedoch keine lebende Seele zu sehen, und die Fenster sind mit eisernen Läden verschlossen.

Wir lassen das Auto stehen und gehen einen halben Ki-

lometer zu Fuß einen Kiesweg entlang. Links erhebt sich ein Hügel, in der Tiefe rechts liegt wieder eine Wiese, wie sie in Psalm 23 besungen wird, mit hohem Heugras bewachsen und am hinteren Ende von einem Fluß abgegrenzt, der mit Weiden und Pappeln umsäumt ist. Jenseits des Flusses steigt der Wald wieder steil an.

»Hier ein Stündchen warten«, sagt Joseph, »die Rehe wechseln gern zu dem Gras da hinunter«. Mit dem Fernglas kann man sehen, daß zahlreiche Wechsel das hohe Gras druchkreuzen; kein Wunder, daß die Bauern klagen.

Als die Stunde um ist, hat sich kein einziges Reh gezeigt.

Wir gehen an den alten Scheunen vorbei zurück. Inzwischen hat sich ein anderes Auto zu unsrem gesellt. Von dem Fahrer fehlt jede Spur. Trotzdem trägt Joseph die Nummer in sein abgewetztes Taschenbuch ein. Von dem Landhaus, das hier einmal stand, muß man eine herrliche Aussicht gehabt haben. Auf allen Seiten hügeliges Land.

Wir steigen einen steilen Hang hinunter und erreichen den Fluß. Das Wasser tost. Joseph beabsichtigt, im Schutz dieses Lärms eine Strecke gegen den Wind zu gehen, um dann erneut zu warten. Unnötig zu sagen, auf den Bock.

»Er ist der gerissenste Schelm in meinem ganzen Revier«, sagt Joseph, »zwei Jahre lang ist es keinem gelungen, ihm beizukommen.« Wir gehen über steinige und sandige Uferstellen, müssen manchmal an einem kleinen Wasserfall entlang hochklettern. Nach einigen Hundert Metern folgen links und rechts des Flusses Douglastannen. Wir verlassen das Ufer und durchqueren einen düsteren Wald — wie ein Märchensaal mit tausend Säulen. Die vielen trockenen Zweige wissen wir geschickt zu umgehen, so daß wir ohne allzuviel knackende Geräusche das andere Ende des Waldes erreichen. Dort lugen wir, hinter einem Baumstamm versteckt, in die Runde. Vor uns liegt ein vergessener Obstgarten: verwilderte Apfel-, Kirsch- und Birnbäume, dazwischen verkommene Stachelbeersträucher und wildes Gestrüpp, aufgeschossen aus vom Wald hinübergewehten Samen. Ein paar Gestelle zwischen den Bäumen erlauben tiefe Durchblicke; ich schätze, daß wir es mit einer mehrere Hektar großen Plantage zu tun

haben. Das Gras wächst dort fast einen Meter hoch. Hier und da hängen vereinzelte Früchte an den Bäumen, die zu lange unbeschnitten blieben, als daß sie noch viel hätten hervorbringen können. »Hier geht nie einer hin«, sagt Joseph, »und darum tritt das Wild hier gern aus. Aber ein bißchen Glück werden wir brauchen, denn die Stücke können genauso gut fünfhundert oder tausend Gänge weiter stehen.«

Wir beziehen unsren Anstand. Die Mücken hängen in Wolken zwischen dem Holz. Wie ich schon einmal sagte, sind es eigentlich keine richtigen Mücken, Fliegen auch nicht. Es sind winzige Scheusale, die, kaum daß sie sich auf der Haut niedergelassen haben, auch schon stechen. Wir haben uns eingerieben, es nützt überhaupt nicht.

Ich sinne über die vergangene Glanzzeit dieses Gutes nach — sic transit gloria mundi! Die Rufe und das Gelächter von Kindern werden hier einst geklungen haben, das Singen der Sense unter den Bäumen, das Stimmengeräusch der obstpflückenden Männer und Frauen. — Vorbei! Die Habenichtse von damals regieren jetzt.

Unter der hohen Douglastanne hinter uns bricht ein Zweig. Gleichzeitig wenden wir beide langsam den Kopf. Eine Ricke kommt auf uns zu, sie hat uns nicht geäugt. Direkt hinter ihr hüpft ein unwahrscheinlich kleines Kitz. Die Ricke wechselt quer über den Douglasbestand in den Obstgarten über. Sie sichert kurz und springt mit einer herrlichen Flucht über die Reste eines Stacheldrahtzauns. An dieser Stelle scheint sie aber trotz des schwachen Windes unsere Witterung aufzunehmen. Kaum daß sie den Boden wieder berührt, erstarrt die Ricke. Ihr teils noch weißer Spiegel spreizt sich, und gleichzeitig läßt das Kitz sich fallen und bleibt plattgedrückt regungslos liegen. Selten wurde mir der Zweck des Spiegelspreizens deutlicher vor Augen geführt. Alles spielt sich höchstens dreißig Gänge von uns entfernt ab. Die Ricke ist so überrascht, daß sie sekundenlang ohne einen Muskel zu rühren mit weitaufgerissenen Lichtern auf uns zu sichert.

Dann aber springt sie wie eine Feder über den Zaun zurück und geht hochflüchtig unter den Douglastannen ab. Nach fünfzehn Gängen verhofft sie ruckartig, sichert, plätzt einmal mit dem Vorderlauf und schreckt.

Das Kitz liegt noch immer platt. Die Ricke selbst ist noch sehr jung, sieht fast wie ein Schmalreh aus. Sie muß das Kitz spät gesetzt haben, mehr als sechs Wochen alt kann es nicht sein. Bei dieser unbekannten Gefahr an einer Stelle, wo die Ricke nie zuvor gestört wurde, ist ihre Unerfahrenheit offensichtlich. Sie ist verwirrt, dreht hin und her, steht nicht mehr in unsrer Witterung, will ihr Kitz dennoch nicht so zurücklassen, kann uns durch ein paar Brombeersträucher hindurch auch nicht mehr gut äugen und gerät nun vollends in Panik. Sie fiept leise. Sofort ist das Kitz auf den Läufen und gesellt sich zu seiner Mutter. Seite an Seite fliehen die Stücke durch den dunklen Tannenwald und verschwinden ins Nichts — der sich ewig wiederholende Zaubertrick des abspringenden Rehwildes.

Joseph und ich können nun wieder Mücken totschlagen, etwas, das man instinktiv sein läßt — auch wenn man bei lebendigem Leibe aufgefressen wird —, wenn Wild in der Nähe ist.

Wir warten.

Und wieder wird es langsam aber unaufhaltsam dunkel.

Ein paarmal prüfe ich, ob noch genug Büchsenlicht da ist. Als ich die Büchse zum dritten Male zur Hand nehme, bekomme ich von Joseph einen Stoß in die Rippen. Er zeigt mit kaum erhobenem Finger. Ragt dort ganz hinten ein roter Rücken aus dem Gras? Der große Feldstecher verrät, daß es ein Stück Rehwild ist, ein Bock sogar. Abwechselnd äst und sichert er, mal ist er verschwunden, mal wieder zu sehen. Er scheint im Zickzack zu ziehen. Dann erhebt er sich für einen Moment auf den Hinterläufen, um einen tiefhängenden Sproß vom Baum zu pflücken. Mir stockt der Atem. Was für ein Stück! Ob die Dämmerung es größer erscheinen läßt? Der Bock zieht in nervtötendem Schneckentempo in unsere Richtung. Wir schaffen es nie mehr vor der Dunkelheit, er ist jetzt noch mindestens dreihundert Gänge von uns entfernt.

Wieder zeigt Joseph, diesmal nach links und nach rechts. Es stehen jetzt zwei Ricken zu beiden Seiten des Bockes. In diesem Licht sind sie so fahl, daß sie mir noch nicht aufgefallen sind. — Der Sultan hat seinen Harem bei sich.

Inzwischen wird die Sache erst richtig spannend, denn

Joseph hat mir durch Gesten bedeutet, daß dies der legendäre Bock ist.

Eine der beiden Ricken macht sich um ihre Sicherheit wenig Sorgen. Sie zieht bedenkenlos weiter, bis sie etwa vierzig Gänge vor uns verhofft.

Schritt vor Schritt nähert sich der Bock. Hunderte von Mücken laben sich an unserem Blut, denn mit der Ricke vor der Nase können wir uns unmöglich wehren. Bewunderswert, daß Joseph die Peinigung ebenfalls aushält — und das einem ausländischen Gast zuliebe; das regungslose Warten auf Wild scheint ihm zur zweiten Natur geworden zu sein.

Endlich, endlich — welchen Strapazen setzen wir uns bloß aus! — ist der Bock auf weniger als zweihundert Gänge an uns herangekommen. Als ich noch einmal den Feldstecher an die Augen führe, verrät mich ein Lichtreflex. Der Bock wirft zornig den Kopf hoch und sichert gerade auf uns zu. Zum Glück haben wir eine Deckung aus Brennesseln und Brombeeren vor uns. Der Bock trägt eine große, graue Brille. All seine unschätzbare Erfahrung wird jetzt fieberhaft ausgewertet. Man hört ihn förmlich denken. Unglaublich, wieviel Zeit alte Routiniers sich zum Verhoffen nehmen. Scheinäsend hebt er immer wieder den Kopf zum Sichern — einer Statue gleich.

Um ein Haar wäre er geflohen. Eine Viertelstunde lang überlegt er es sich. Trotz der zunehmenden Dunkelheit läßt sein Gehörn sich jetzt ansprechen: links drei Enden, rechts eine Riesengabel, hoch, hoch wie ein Turm . . .

Die Ricke, die dabei steht, hat nichts gemerkt und zieht nach einigem solidarischen Mitsichern weiter auf uns zu. Als ob er sie zurückrufen wolle, doch noch nicht ganz entschlossen sei, dreht er sich nach ihr um und steht breit.

Die Büchse löst sich in meinen Händen, es ist jemand anders, der schießt. Auch den Knall höre ich nicht. Der Bock knickt in den Hinterläufen ein und will abspringen. Die Ricken gehen mit der Geschwindigkeit eines Eilzuges hochflüchtig ab.

»Waidwund«, zischt Joseph neben mir, »verfluchtes Pech!«

Der Bock schlägt einen Haken und ist im hohen Gras verschwunden.

Wir warten zehn Minuten mit wild schlagendem Herzen, während die Mücken in der einfallenden Dunkel-

heit eine wahre Orgie feiern. Die Luft ist feucht und schwül, mein Hemd klebt mir am Rücken. — Ein Glück, daß man sich nun wenigstens wieder an Stirn, Wangen, Hals, Schläfe klatschen kann, wenn man dort zum tausendsten Male heimtückisch gepiekst wird. Außerdem steckt Joseph eine qualmende Pfeife an, man darf sich einbilden, daß es hilft.

Als wir uns den Bock ansehen, liegt er mit einem Blattschuß da. Joseph macht eine Handbewegung, die eine Entschuldigung andeuten soll. — Perlen wie Bauklötze. Stangen 23 und 21 Zentimeter. Alter sieben Jahre oder mehr.

Mann, oh Mann!
Und noch einmal: DER RIECHER! Nach dem Aufbrechen haben wir schwer zu schleppen, um den etwa zwanzig kg schweren Rehbraten querfeldein zum Weg zu transportieren. Es geht durch ein Flußbett, durch eine mit Brennesseln angefüllte Vertiefung und über einen vollkommen überflüssigen Zaun aus dem vorigen Jahrhundert.
Endlich kommt der Weg in Sicht. Gerade als wir die letzte Steigung (60 Grad und mit Brombeeren bewachsen) erklettern wollen, gibt Joseph mir ein Zeichen, daß wir den Bock vorsichtig hinlegen sollen. Danach flüstert er: »Ich rieche einen Fuchs!«
Bei dieser klammen Luft, die von scharfen Pflanzendüften erfüllt ist, kaum zu glauben, aber Joseph hat schon mehr Wunder vollbracht.
Er legt einen Finger an die Lippe und bedeutet mir, die Büchse bereitzuhalten. Vorsichtig beginnt er, sich am Brombeerhügelchen hochzurobben. Oben angekommen, späht er nach rechts und nach links. Ich sehe, wie seine Nackenmuskeln sich spannen. Auf sein Zeichen hin klettere auch ich hinauf. Brombeeren zerkratzen mir Gesicht und Hände, in spannenden Situationen merkt man's kaum. Als ich an Josephs verschossener Schirmmütze vorbei nach links spähe, denke ich, ich träume: Gute hundert Gänge weiter sitzt ein Fuchs auf seiner Lunte — mitten auf dem Weg! Mit bloßem Auge betrachtet, ist er nur ein schwarzer Fleck auf dem weißen Kies, aber die Nachtstärke des »7 x 50« bringt alle Details deutlich hervor.
Ich streiche die Büchse über Josephs Schulter. Er hält

sich die Ohren zu. Der Knall rollt bis hinten ins Tal. Bei der vierfachen Vergrößerung des Zielfernrohrs war das Ziel nur ein vager Schatten. Der Fuchs macht eine hohe Flucht nach rechts und bleibt ausgestreckt liegen . . .

Wir heben ihn hoch und stellten fest, daß er ein großer, junger Rüde ist. Joseph holt das Auto, während ich die Totenwache bei Bock und Fuchs halte. Meine Erregung ist mit einer Prise Wehmut vermischt — welch ein Land!
Als der Jagdaufseher zurückkommt, frage ich ihn, ob er nicht befürchtet, daß wir hier alle Füchse ausrotten. Er kneift die Augen zusammen und schüttelt mit dem für ihn typischen Lächeln den Kopf. Dann legt er viermal seine beiden Hände auf die Motorhaube und steckt anschließend einen Zeigefinger in die Höhe.
Das soll heißen, daß er — den heutigen mitgerechnet — in dieser Saison schon 41 Füchse erlegt hat. Danach hebt er zwei Finger hoch. Das heißt, daß es die doppelte Anzahl gab. Und dann legt er fünf Finger auf die Motorhaube. Das will heißen, daß im kommenden Frühjahr im Schnitt fünf Welpen pro Fähe großgezogen werden, so daß man wieder von vorn anfangen kann.
Bei unserer Heimkehr ist es stockfinster.

III

Nach Mitternacht kam ein gewaltiges Gewitter auf, das Stunden dauerte. Es drehte sich nämlich im Kreise und kam immer wieder, so daß die Morgenpirsch sinnlos wurde und man endlich einmal lange ausschlafen konnte.
Mitten im Wald liegt ein Schloß, einst Besitztum des Adels, jetzt Amtssitz der Forstverwaltung. Wir sind, während die Mittagssonne wieder weißglühend am wolkenlosen Himmel steht, dorthingefahren, um unsere Jagdscheine im Büro des Fauna-Hauptverwalters prüfen zu lassen. Er ist ein dicker Schnellsprecher, dessen wässerige Äuglein, blaue Nase und braune, herabhängende Mundwinkel seinen unmäßigen Alkohol-und Nikotinkonsum verraten.
Im von einem Wassergraben umgebenen Schloßgarten steht ein Holunderbusch — blankgefegt, vor kurzem

erst! Der Bock muß — wahrscheinlich im Dunkeln — über die Brücke gekommen sein, um diesen Beweis seiner Besitzrechte zu hinterlassen.

Um sieben steigen wir auf eine Alm. Die Mücken — immer wieder die Mücken! — quälen uns wie nie zuvor. Das macht das Gewitter. Der einzige Vorteil ist, daß sie die Wanderer fernhalten, denn zu Fuß hält es hier keiner aus, und Autos sind auf fast allen Wegen verboten. Kurz oberhalb des Waldrandes nisten wir uns zwischen mannshohe Steine ein und suchen die grasbewachsenen Kuppen ab: kein Rehwild.

Warten.

Der aus dem Tal blasende Wind frischt auf, bringt Kühle und vertreibt die Insekten. Die Ferngläser kreisen. Endlich murmelt der Jagdaufseher — halb noch abwägend, halb schon berichterstattend — etwas vor sich hin, das den Jäger neben ihm aufhorchen läßt: »Ein alter Bock, eine Ricke, zwei Kitze und noch ein Stück.«

Nach einigem Suchen sehe ich sie auch, auf derselben Hügelkette, auf der wir sitzen, aber sechshundert Meter weiter jenseits einer tiefen Bodenwelle. Merkwürdig, daß das Rehwild hier auch im Sommer in Sprüngen zieht.

»Anpirschen!« sagt Joseph.

Wir tun es — und wie! Auf dem Bauch, in der Hocke, rutschend, über Hunderte von Gräben, die zum Abfluß des Regenwassers dienen, und das alles mit dem Zielfernrohr in der Hand, dem großen, immer auf den Boden aufstoßenden Feldstecher um den Hals und viel zu

viel Kleider am Leib, weil Joseph sagte, daß es spätabends auf den Kuppen ganz schön kalt sein kann.

Nach langen Mühen sehen wir um die Ecke eines Findlings den Sprung ungefähr dreihundert Gänge vor uns. Joseph brummelt: »Das ist der uralte Bock aus dem Rabenwald, seine Stangen sind pechschwarz, nicht hoch aber enorm dick, schau selbst!«

Wir müssen noch näher heran. Von hier aus zu schießen, wäre unverantwortlich, umsomehr da die äsenden Stücke bis zum Widerrist im hohen Gras stehen. Auf halbem Wege zwischen ihnen und uns steht eine Gruppe Schlangenfichten. Wenn wir die erreichen könnten, ginge es schon eher. Zuerst müssen wir uns flach liegend vorwärts robben, danach können wir im Schutze der Bäume geduckt gehen.

Als wir die Fichten erreichen und den Bock ohne Zweifel in Schußweite haben, raschelt es neben uns. Aus der Gruppe der verkrüppelten Schlangenfichten springt ein Stück ab, das dort gelegen hat. Über eine Wiese schräg unter uns geht es mit sagenhaft hohen Fluchten den Hang hinunter. Es sieht wie ein Jährling aus und scheint statt der Läufe Spiralfedern unter sich zu haben.

Der alte Bock in der Ferne vermutet sofort Unheil, und ab geht die ganze Familie in atemberaubendem Tempo hinein in die Tiefe; wie eine Bogenbrücke wirkt die Wellenlinie ihrer hohen Fluchten, bis die Stücke die Baumgrenze erreichen und im dichten Nadelholz verschwinden, als schließe sich hinter ihnen eine Tür.

Joseph gibt eine kleine Auswahl seines Schimpfwörter-

repertoirs zum besten, setzt sich hin und steckt sich eine vor Wut viel zu voll gestopfte Pfeife an.

»Wie gern hätte ich den Bock gehabt«, sagt er, »der terrorisiert hier die ganze Gegend.«

Die Sonne steht eine Handbreit über dem Horizont. Über unsren Köpfen zieht sich die Wolkendecke zu. Der Wind dreht sich, er bläst den Pfeifenqualm jetzt ins Tal hinein. Auch Joseph merkt es und freut sich. Zur Sicherheit pustet er noch ein paar dicke Qualmwolken in den Wind und sagt dann: »Jetzt können wir es auf der anderen Seite der Kuppe versuchen.«

Wieder geht es bergan. Klettern, straucheln, nach Luft schnappen, ab und zu kurz anhalten, damit die Pumpe sich erholen kann. Auf halbem Wege finden wir den Vorderlauf mit Blatt eines Kitzes.

»Füchse«, murmelt Joseph.

Oben auf der Kuppe hocken wir uns in einen Graben. Der Wind bläst nach wie vor seitlich ins Tal, die Aussicht ist großartig. Weit unter uns liegt ein aufgeforstetes Plateau. »Dort steht auch ein braver Bock«, sagt Joseph.

Wir steigen durch den Graben hinab. Darin geht es sich leichter, obwohl sogar an diesem steilen Hang etwas Wasser im Graben stehen geblieben ist, so daß ich nasse Füße bekomme; meine Stiefel ließ ich nämlich im Auto. Nach vierhundert Metern spähen wir noch einmal durchs Fernglas. Ausgerechnet an der Stelle, die Joseph uns als Ansitz zugedacht hat, steht eine Ricke.

»Die muß verscheucht werden«, sagt der Jagdaufseher, »jetzt nicht geheimnisvoll tun, einfach auf sie zugehen, dann springt sie ab ohne zu schrecken. Sie schreckt nur, wenn sie sich nicht im klaren ist, und tut sie es nur ein einziges Mal, so sehen wir den Bock vor Mitternacht nicht wieder.«

So wird's gemacht. Zwischen der Ricke und uns sind es nicht mehr ganz zweihundert Gänge, als sie — tatsächlich schweigend, dafür allerdings laut genug polternd — im Wald tiefer unten Deckung sucht.

Wir beziehen unseren Ansitz. Nach einer halben Stunde zieht zuerst eine, dann noch eine Ricke nach oben. Es folgt eine ergraute Matrone mit einem Jährling-Spießer und einem Schmalreh — wahrscheinlich ihre Sprößlinge aus dem Vorjahr.

Der Bock läßt auf sich warten.

Die erste Ricke wird, wenn sie in diesem Tempo weiterzieht, bald unsere Witterung aufnehmen. Was ist dann? Joseph zuckt mit den Schultern. Risikobereitschaft gehört dazu.

Ums kurz zu machen: Nach endlosem gespanntem Warten stehen kurz vor Einbruch der Dunkelheit fünf Ricken um uns herum und ein Jährling-Spießer, von dessen Stangen, nebenbei gesagt, eine gerade nach vorn und eine gerade nach hinten zeigt. Zumindest zwei der Stücke müßten uns eigentlich vernehmen oder wittern, schrecken aber nicht.

Noch immer kein braver Bock.

»Durch diese hohle Gasse muß er kommen«, sagt Joseph zum zigsten Male, während er in die Tiefe zeigt.

Da beginnt man dann nachlässig zu werden. Man schaut zuviel in eine bestimmte Richtung, zuwenig in andere. Ich habe die Büchse auf einem Büschel Heidekraut liegen, den Lauf talwärts gerichtet. Plötzlich zischt Joseph mir zu, daß ich den Blick wenden soll. Mir stockt der Atem. Schräg rechts hinten über uns — er muß durch unsere Witterung hindurchgegangen sein — steht ein Bock. Brav? Prächtig ist er! Er hat die Vorderläufe auf einen Stein gestellt, um besser äugen zu können. Mich so tief wie möglich duckend, versuche ich noch schnell, die Büchse auf ihn zu richten, doch er hat schon viel zu viel von unseren Hüten und Nacken gesehen und verschwindet wie ein Pfeil aus dem Bogen.

»Der Schlaumeier hat bei diesem Wind kein Risiko eingehen wollen«, sagt Joseph, er ist die ganze Strecke bergauf durch einen der anderen Gräben gegangen.«

Und richtig: Abhang und Plateau sind über und über von Gräben durchzogen. Auch die Ricken waren ja alle naslang verschwunden gewesen, um dann — anders als der Bock! — bald wieder zum Vorschein zu kommen.

— Erzähle mir einer, Tiere hätten keinen meßbaren IQ, nur weil sie nicht bewußt abstrahieren können . . . Barer Unsinn!

Die Panne mit dem braven Bock war aber nicht der letzte bittere Tropfen.

»Wollen wir den Spießer nicht schießen?« frage ich. Die übrigen Stücke äsen weiter, als wäre nichts geschehen, sicherlich sind sie von dem Alten einiges gewöhnt.

»Mach nur!« meint der Jagdaufseher, »die Anomalie

dürfte zwar nur eine Bastverletzung sein, die sich nächstes Jahr wieder zurechtwachsen würde, aber das Gehörn ist außerdem niedrig und kümmerlich.«

Und dann, in einer für hiesige Begriffe geringen Entfernung von 120 Metern, schieße ich glatt unter dem kleinen Spießer hindurch. Daß ich ihn (zum Glück) wirklich völlig gefehlt habe, zeigt er uns auf seinem langen Fluchtweg, auf dem er zweimal verhofft, um zu erforschen, was um alles in der Welt ihn wohl mit einem solchen gewaltigen Knall aufgescheucht haben mag.

Er weiß es bis heute nicht, denn ich saß zähneknirschend im Graben, die Welt im allgemeinen und mich selbst im besonderen verwünschend.

IV

Seit sieben Uhr sitzen wir auf einer viereckigen Kanzel auf einem Hügel am Rande eines abschüssigen Geländes, das mit Heide und Gras bewachsen und von jungen Fichten umringt ist. Über die Baumwipfel hinweg sehen wir, wie die Landschaft sich nach allen Seiten entfaltet. Der weite Himmel darüber ist mit dünnen Wolkenfedern durchsetzt. Durch das ferne Tal laufen Kieswege wie gelbe Bänder. Dies hier ist der Wehrhügel von Tolkin, von dessen Höhe aus Frodo die schwarzen Reiter unter sich vorbeiziehen sah.

Es ist unser letzter Abend. Mit dem Bock auf der Wiese hat es nicht mehr geklappt. Er ist vergrämt und wird sich dort vor der Brunft nicht mehr blicken lassen, vielleicht sogar nie mehr. Josephs wachsame Äuglein haben auf diesem grüngepaspelten Stück Heideland allerdings einen anderen Bock entdeckt, dem jetzt unser Warten gilt.

Die kleinen Fenster in den Seitenwänden unseres Holzhauses knarren und quietschen im steifen Wind, und ich frage mich, ob es mit dem Spruch »Wenn der Wind jagt, soll der Jäger nicht jagen« tatsächlich etwas auf sich hat. Joseph meint aber, hier auf der hohen Kuppe wehe es sowieso immer; er muß es ja wissen.

Um acht Uhr fällt ein Sonnenstrahl genau in das Gestell zwischen zwei Fichtenreihen uns gegenüber. Joseph und ich sehen es gleichzeitig: Am Ende des Gestells steht ein Bock — seine Enden leuchten weiß auf.

Er tut sich die jungen, hellgrünen Fichtensprossen zugute, ich wußte nicht, daß Rehe das tun. Erst als er bis auf zehn Gänge vor der Heide herangezogen ist, kann der Bock angesprochen werden. »Ja, wahrhaftig, er ist es«, sagt Joseph.

Dachrosen. Fast schon keine Hintersprossen mehr aber Vordersprossen wie Brieföffner. Wieder so ein alter Leisetreter, der es fertiggebracht hat, sieben Jahre lang den Kopf nicht zu verlieren. Er zieht äsend, sichernd, plätzend, mürrisch fegend bis auf einen Gang an die Heide heran. Wenn er austritt, wird der Schuß leicht sein, zu leicht, nur sechzig Meter, die Büchse am

Rand der Kanzel angestrichen. — In das Gestell hinein-schießen geht nicht, außerdem steht er zu spitz.

Er tritt aber nicht aus, er schenkt der Heide kaum Beachtung, vielleicht weht es tatsächlich zu hart. Er dreht sich um und zieht durch das Gestell nach hinten ab. Blatten hat keinen Sinn, die Brunft hat noch nicht angefangen. Hinten im Gestell steht der Bock noch eine ganze Weile breit, doch es sind zu viele Fichtenzweige im Wege; er verschwindet. Joseph zuckt mit den Schultern und sagt: »Der wurde nicht hoch, der war gerade dabei sich niederzutun!«

Nun, allmählich tut der Bock das auch zweifellos. Hat es Zweck, noch länger zu warten?

»Natürlich«, brummelt Joseph und zeigt mir eine neue Hasenquäke. Er steckt seinen durchfurchten, sechzig-jährigen Kopf halb zum Fenster hinaus und läßt einen Hasen so jammervoll schreien, daß sich einem der Magen umdreht.

Fünf Minuten später schreit der Hase noch einmal.

Kurz vor dem Waldrand entdecke ich eine freistehende Fichte, deren untere Zweige vergilbt sind . . . Vonwegen! Das Fernglas enthüllt einen dicken Fuchsschweif. — Dort verhofft ein Fuchs! Mein Herz beschleunigt seinen Gang im Nu von Null auf Hundert. Ich packe die in einer Ecke der Hütte stehende Büchse und streiche sie ganz langsam zum Fenster hinaus, bleibe dabei an einer rauhen Stelle des Fensterbretts hängen, schiebe nun etwas zu energisch und berühre mit dem Fernglas kaum eben die schiefhängende Fensterscheibe. Es gibt ein leichtes »Tack!«, das zwischen dem Knarren des windgeschüttelten Hochsitzes kaum zu hören ist.

Na ja, für abgestumpfte menschliche Ohren wenigstens. Der ferne Fuchs aber nimmt es wahr. Mit einer gigantischen Flucht geht er aus der Deckung der Fichte in den Wald dahinter ab.

»Ein alter Rüde«, seufzt Joseph, »den wären wir gern los gewesen!«

Ich hätte mich lieber tüchtig von ihm ausschimpfen lassen, jetzt mußte ich das selbst besorgen.

Aber was war denn das? Die Fichten am Rand der Heide geraten in heftige Bewegung. Das Hinterteil eines Rehes wird sichtbar, anschließend das ganze Stück, gefolgt von einem zweiten. Zwei kämpfende Böcke! Sie stoßen schwer aufeinander.

»Der am meisten ergraute ist der Alte von vorhin«, flüstert Joseph, »sobald er breit steht, sofort schießen!«

Aber die zwei, die jetzt näher zu uns auf die Heide übergewechselt sind, drehen sich wie die Kreisel in der Runde. Jeder auf die Flanke des Gegners gerichtete Stoß wird blitzschnell pariert, schneller als das Auge folgen kann, so wie man auch zwei Drittel der Tricks der Fußballprofis verpaßt. — Ich möchte mir kein Bein von einer solchen Vordersprosse aufritzen lassen, es ginge zentimetertief in die Muskeln hinein.

Schießen mag ich übrigens auch nicht, dieses Schauspiel ist ja einmalig.

Schließlich siegt der alte Bock. Der andere wirft sich plötzlich herum und geht am Hochsitz vorbei schräg nach rechts ab, gefolgt von seinem Widersacher. Wie mühelos tänzeln sie doch auf ihren grazilen Läufen über das unebene Gelände! Der Unterlegene mag gut und gern mehrere hundert Meter fortgejagt werden; danach wird der Platzbock zurückkommen und uns womöglich eine neue Chance bieten.

Nach einer Viertelstunde ist er immer noch nicht zurück. — Wie soll man je schlau aus den Burschen werden? — Nach einer Stunde wechselt am äußersten Ende des von den Fichten gebildeten Winkels ein Bock auf die Heide. Kurz vor der Deckung verhofft er, reißt ein paar grüne Sprossen von einem Baum. Es beginnt zu dämmern, Joseph späht wie besessen.

»Auf jeden Fall auch alt«, sagt er, »schieß schon los!«

Mit steifen Beinen baumen wir ab, um uns den Bock anzusehen. Er hat sich den letzten Bissen gegeben: Aus seinem Äser hängt ein hübscher Fichtenzweig. — Links Sechser, rechts Ober- und Vorderende abgebrochen. Gebiß bis aufs Zahnfleisch abgeschliffen. Sieben oder acht Jahre alt. Ein mindestens so guter Abschuß wie »der Alte«. Ist dies nun der Bock, der vor etwa einer Stunde so unsanft davongejagt wurde, oder haben wir es mit einem ganz anderen Pappenheimer zu tun, der zufällig vorbeikam? In seinem Alter ist letzteres zwar unwahrscheinlich, aber man grübelt doch darüber nach.

In Josephs Häuschen feiern wir Abschied mit Hilfe der letzten Flasche Kognak, die ich durch den Zoll geschmuggelt habe. Morgen geht's wieder nach Hause, und es wird ungefähr ein Jahr dauern, bis die Pforte zum Jägerdorado sich wieder öffnet; im Moment kommt mir diese Wartezeit scheußlich lang vor.

Eine Stunde vor Mitternacht klingelt das Telefon: Der Jagdaufseher des benachbarten Reviers hat Schwierigkeiten. Ein Bock ist mit Schuß im Hinterblatt abgesprungen. Ob Joseph am nächsten Morgen mit seinen Hunden zu Hilfe kommen möchte . . .

Ich frage, ob ich mit darf. Es geht gerade noch vor meiner Abreise, und es gibt nichts Schöneres als eine Nachsuche.

Wildwest

Um viertel vor sechs in der Früh ist alles so dicht in Nebel verpackt, daß man die nächste Straßenecke nicht sehen kann. Aber kaum sind wir hundert Meter gestiegen, da tauchen wir auch schon aus der Nebeldecke auf und eine lachende Sonne begrüßt uns. Vor dem völlig wolkenlosen, strahlend blauen Himmel bilden die frischgrünen Hügel eine messerscharfe Silhouette.

Auf einem Kahlschlag osteuropäischer Größenordnung, der mit Hackholz, Zweigen, Brennesseln, Blumen, hohem Gras und sogar Schilf bedeckt ist, steht ein Bock — ein orangefarbig angestrichener Waldgeist im grellen Sonnenlicht erwischt! Als wir das Auto anhalten, um ihn näher zu betrachten, springt er gradlinig und wütend schreckend in die Deckung ab.

Oben auf einer Hügelkuppe begegnen wir dem anderen Aufseher, einem netten, schlaksigen Lulatsch. Der Unglücksschütze ist nicht mitgekommen. Am Anschuß sind im feuchten Kies des Weges noch deutlich Absprungtritte zu sehen. Einen Meter davor verrät eine kalkweiße Stelle angesengten Sandes und Gesteins, wo der Kugelschlag traf.

Der Bock ist nach dem Schuß gestürzt, hat sich wieder aufgetan und ist quer über den Weg geflohen. Wahrscheinlich hat er Splitter im Hinterblatt, der Schütze hatte nach dem aus zu großer Entfernung abgegebenen Schuß deutlich Kies fliegen sehen. Kein Schnitthaar, kein Schweiß. Die Ricke, die der Bock bei sich hatte, ist gestern nach einer Viertelstunde ausgetreten, über den Weg zurückgewechselt und ins Tal gezogen. Der Bock wird wohl liegen, sonst hätte er die Ricke mit sich über den Hügel geführt, weit fort von der Gefahrenzone.

Zuerst wird ein kleiner Terrier angesetzt. Er macht nicht viel, will schon ins Holz, weil sein Herr es befiehlt, bleibt jedoch lustlos. Danach wird er auf größere Kreisbahnen geschickt. Der Schlag ist dicht wie eine Wand. Der Gehorsam dieses Terriers ist verblüffend, er reagiert auf sparsamste Anweisungen, einen Fingerzeig, ein leises Zischen, ein liebkosendes Murmeln. Er gibt aber nicht Hals und kommt nach jeder Runde unverrichteter Dinge zurück. Die Hoffnung schwindet. Vielleicht hat der Bock sich nur heftig erschrocken, ist dadurch kurz vor den Läufen gegangen und anschließend abgesprungen, ohne daß die Ricke ihm im dichten Holz folgen konnte oder wollte.

Die Aufseher erwägen, mit allen vier Hunden eine breite Bahn entlang dem Hügel zu ziehen. Joseph steckt sich eine Pfeife an. »Laßt uns noch einmal diese Brandschneise ganz bis oben hin abgehen«, sagt er, »und dann den Terrier gegen den Wind nach unten schicken.«

Kaum ist der Terrier diesmal von oben ins Holz gerannt, da hören wir das halb erstickte Schrecken eines Rehs und das Jaulen des Hundes. (Wie sich später herausstellte, jaulte der Terrier, weil der Bock ihm einen Stoß kurz über dem Auge versetzte, zum Glück ohne weitere Folgen.)

»Er hat ihn«, sagte der junge Aufseher.

Jetzt schlägt der Terrier schrill an. Das Bellen entfernt sich den Hang hinunter. Wir rennen durch die Brandschneise hinterher und sehen den Terrier weit unter uns den Kiesweg überqueren. Außer Atem und schwitzend kommen wir dort an. Joseph bildet die Nachhut, ihm geht es zu schnell. Mir ist, als gelte die Nachsuche einem von mir selbst krankgeschossenen Stück.

Auf dem Weg: Tritte, kein Schweiß. In der Tiefe rechts neben uns hohe, laute Töne. Der junge Aufseher eilt darauf zu, rutscht dabei halb auf dem Hosenboden zwischen den Bäumen und Sträuchern den 60° steilen, mit Heidekraut bewachsenen Hang hinunter. Mit meinen verwöhnteren Gliedern westlicher Prägung folge ich ihm so gut es geht.

Plötzlich gibt der Terrier in der Tiefe Standlaut.

»Er hat ihn im Wasser!« ruft der Aufseher über die Schulter. Doch als wir die Dickung verlassen und der Fluß vor uns liegt, wird längst weiter flußabwärts Laut gegeben. Der Fluß windet sich hier wie eine Schlange zwischen Almen und Steinhängen, so daß die Sicht verdeckt ist. Auch rauscht das Wasser jetzt so laut, daß man keinen Hund mehr hören kann. Über spiegelglatte Felsbrocken waten wir durch das Flußbett einen Kilometer flußabwärts. Vom Terrier keine Spur mehr. Manchmal ein frischer Rehtritt auf dem sandigen Ufer . . . Von welchem Reh? — Endlich gibt der Aufseher auf. Wir sind völlig erschöpft.

»Der Terrier wird eine gesunde Ricke oder ein Kitz aufgestöbert haben und längst beim Auto auf uns warten«, sagt er, »wir wollen hier jetzt in einer geraden Linie wieder hoch und dann alle Hunde gleichzeitig vom Riemen lösen.«

Als wir fünfzig Meter denselben steilen Hang hochgekrabbelt sind, entdecken wir eine grasbewachsene Schneise, die dem Fluß entlang läuft und uns den Aufstieg erleichtert. Nach weiteren fünfzig Metern plötzlich Standlaut ganz nahe aus der Deckung. Unser gemächlich schreitender Halbstarker verwandelt sich in einen Wild-West-Rowdie. Mit Riesensprüngen sprengt er ins Holz, zieht mittlerweile das Messer aus dem Gürtel. Ich folge ihm.

Dort liegt der kleine Terrier mit dem Bock am Boden. Der schlaue, ganz auf seinen Herrn eingestellte Hund hat, als er unsere Stimmen vernahm, Hals gegeben; dabei mußte er den noch quicklebendigen kräftigen Feistbock, den er an der Drossel hielt, kurz loslassen. — Donnerwetter, was für eine Nachsuche, unbegreiflich, daß man die als Schütze verpassen mag.

Und die Verletzung? Es stellt sich heraus, daß ein Splitter den linken Hinterlauf durchschlagen hat; Fleischwunde, viel Schweiß- und Energieverlust. Eine Verletzung, die allerdings bestimmt nicht den Tod herbeigeführt hätte; kein Knochen wurde getroffen, der Bock wäre nach wenigen Tagen wieder fit gewesen. Doch wie soll man das ahnen? Der Schuß in den Kies war ja gefährlich genug, ich hätte nicht in der Nähe stehen mögen. Auch hatte der Bock gezeichnet, war vom Terrier in liegender Haltung aufgestöbert, war weiterhin verfolgt worden, während der Hund von einer gesunden Fährte abgelassen hätte usw., usw. . . . Ich verstehe also sehr wohl, daß der Aufseher ihn hereinbringen wollte.

Josephs Hunde sind dabei nicht bemüht worden.

Enten

Gegen den gelben Abendhimmel ziehen die Enten in langen gestrichelten Linien, die sich hier und da zu kleinen schwarzen Klumpen verdichten, um sich alsbald wieder in einzelne Punkte aufzulösen. Wie weit mögen die Enten wohl entfernt sein? Einen Kilometer oder zwei? Fast alle fliegen sie auf festem Kurs ohne Zögern in Richtung auf den Polder; nur vereinzelte Schoofe schwenken zum endlosen Schilf- und Wasserland ab, wo wir zum zweiten Mal in diesem Jahr unser Glück versuchen wollen.

Die rhabarberähnliche Vegetation auf dem Boden der Fahrrinne ist bräunlich grün, geheimnisvoll. Geräuschlos gleitet der Kahn durch das glasklare Wasser, vollbringt das Wunder, drei Männer und drei Hunde trocken zu halten. Seit grauer Vorzeit bis auf den heutigen Tag blieb die Form solcher Nußschalen überall auf der Welt ungefähr gleich — im Dienste oder zur Rettung des Menschen. Wenn Schiffbrüchige nach wochenlangem Umhertreiben auf den Wellen des endlosen Ozeans, von Hunger, Durst, Verzweiflung und den harten Sitzbrettern gepeinigt, überhaupt überlebten, so war es jenen hölzernen Folterbänken zu verdanken.

Das Gelände besteht aus einem hundert Hektar großen, um die Jahrhundertwende abgebauten Niedermoor. Die übriggebliebenen Streifen Grasland verlaufen parallel zueinander. Sie dienen der Heugewinnung oder dem Weiden der Kühe. Dazwischen liegen die Zuglöcher, vierzig Meter breite und einen halben Kilometer lange Kanäle, wo einst der Torf von Hand abgestochen wurde. Sie sind mit Schilf angefüllt und bilden bei der Jagd auf dem Wasser für den Hund, der hindurch muß, das schwerste Hindernis überhaupt, denn im Schilf kann er weder laufen noch schwimmen. Dem Jäger bietet das Terrain dauernd Abwechslung. Mal werden aus kleinen, von den Landzungen aus unsichtbaren Pfuhlen Enten hoch, die, noch bevor sie zwischen den wiegenden Halmen auf den Schwingen sind und aufs Korn genommen werden können, auch schon fast wieder abgestrichen sind. Mal fallen Schoofe ein, die hier ihren Standort, womöglich ihren Mauser- oder Geburtsort haben. Daß sie ziemlich standorttreu sind, beweist ein von uns eingeschickter Ring einer hier geschossenen Ente, an Hand dessen der Träger als ein vor gut zwei Jahren in diesem Jagdrevier ausgesetztes Stück identifiziert wurde.

Zwei der Hunde gehören Heinz, dem schweigsamen Bauernsohn, der den Kahn mit der Stange vorwärts bringt. Selten habe ich solche zähen Hunde gesehen, durch ihre Adern fließt das Blut des Pointers und des Deutschen Vorstehhundes, die Mischung ergibt vierfüßige Wunderwerke. So lange wir fahren, versuchen sie, dicht zusammen auf dem Vordersteven stehend, einander zu verdrängen; sie zittern, halten die Nase ununterbrochen hoch im Wind. Mit ihren braunen Augen sondieren sie fortwährend das weite, bis zum Horizont mit Schilf bedeckte Land. Jeder Muskel ist in Erwartung des Flugwildes gespannt. Jedesmal wenn wir anlegen, sind sie, noch ehe die Spitze des Kahns das Ufer berührt, mit einem geschmeidigen Sprung an Land und setzen sich nach einer kurzen Stöberrunde in Erwartung der Anweisungen ihres Herrn brav hin. Mag sein, daß sie keine Dressurkunststücke der Art, auf die Hundeabrichter normalerweise stolz sind, vorführen können, aber was sie können, ist sehr viel eindrucksvoller. So bald wir an Land sind, schickt Heinz sie ins Röhricht. Manchmal sind die Enten noch so jung, daß sie sich lieber drücken als aufstehen. Oft sind die frisch gemauserten Enten sich auch ihrer wiedergewonnenen Flugfähigkeit noch nicht bewußt, und dann müssen die Hunde sie für uns auf die Schwingen bringen.

Die Hunde tun es den ganzen lieben langen Tag, ohne zurechtgewiesen oder gar angeschrien zu werden. Heinz zeigt lässig auf die Stelle, wo er sie haben will, und schon plumpsen sie ohne Zögern ins Wasser und waten ins scharfe Röhricht hinein, wo sie sich an vielen Stellen einen Weg durch im Wasser treibende Hindernisse bahnen müssen.

Meistens kehren sie mit den vor ihnen geschossenen Enten von selbst zum Ufer zurück. Ist aber, ohne daß sie es gesehen haben, eine Ente hinter oder seitlich von ihnen gefallen, so ruft Heinz sie mit einem kurzen Pfiff zurück. So schnell sie können, sind sie da und äugen ihn an. Wieder reicht ein wortloses Zeigen in die gewünschte Richtung. Was dieser Mann mit den Hunden machen kann, grenzt ans Wunderbare. Man muß es gesehen haben, um es zu glauben.

Wie er ihnen das wohl beibringt?

»Ach, nur so«, sagt Heinz gleichgültig, »ich gehe einfach auf die Jagd, und sie lernen es von selbst, ich brauche gar nichts dazu zu tun. Wenn ein Hund nichts taugt, nehme ich eben einen anderen.«

Später führt der älteste Hund noch ein Husarenstück vor. Eine Ente kommt hoch über, ein paar Schüsse krachen, das Stück taumelt geflügelt ein paar Fahrrinnen entfernt herunter. Der Hund steht äugend, bis der Vogel zu Boden geht. Dann springt er, ohne einen Befehl abzuwarten, ins Röhricht. Heinz sagt:

»Der kommt mit der Ente zurück.«

Ich kann es mir einfach nicht vorstellen. So eine segelnde Ente ist zwar, wie bekannt, meistens waidwund und wird nicht mehr hoch, aber eine Entfernung wie diese kann der Hund nicht durch das Schilfdickicht zurücklegen; er muß ja mindestens drei Fahrrinnen und Landzungen überqueren . . . Zehn Minuten später steht er vor uns — mit der Ente!

Ganz zum Schluß vollbringen sie noch eine letzte Glanznummer.

Am Nachmittag hatte ich eine Ente geschossen, die danach sehr weit abgestrichen war, so weit sogar, daß ich zweifelte, ob sie überhaupt Schrot abgekriegt hatte. Die Hunde hatten sie nicht gesehen, und wir hatten keinen von ihnen hinterher geschickt. Ich hatte den Vogel inzwischen völlig vergessen.

Hundert Meter vor dem Anlegeplatz schaut der eine Hund sich nach seinem Herrn um. Dieser merkt, daß der Hund fort will, und sagt: »Geh schon!«

Der Hund plumpst über Bord, schwimmt zum Ufer, arbeitet sich durch einen zwei Meter dicken Rohrstreifen, überquert eine 20 Meter breite Weide, taucht auf der anderen Seite wieder in ein dichtes Röhricht und kommt mit einer längst toten, bereits erkalteten Ente wieder. Seltsam, diese unverbrüchliche Zwei-Einigkeit von Hund und Herrn. Glücklich der Mann, der einen solchen Kontakt zustande bringen kann.

Bei dem Notar, mit dem ich in meiner Anfängerzeit gelegentlich loszog, war das ganz anders. Sein Drahthaar war etwa eine Stunde nach Anfang der Jagd schon mehr oder weniger niedergeschrien. Wenn Wild gefallen war, ging er auf den gebrüllten Befehl seines Herrn zwar noch zum anderen Ufer, brachte das betreffende Stück lustlos dorthin, legte es ab, äugte einmal in die Runde, möglichst nicht in die Richtung seines Herrn, schwamm zurück, bekam einen gewaltigen Rüffel und schwamm nach langem Zögern erneut hinüber.

Einmal erregte er die machtlose Wut des gelehrten Vertreters der Justiz und die unbändige Schadenfreude der Zuschauer, indem er fein säuberlich eine Mulde ausgrub, einen besten Hasen hineinlegte, alles mit seiner Nase wieder ordentlich zuschaufelte und für den Rest des Tages nach Hause verschwand.

Als es dämmrig wird und wir nach einem letzten Rundgang zum Auto zurückkehren, sind wir alle am Ende unserer Kräfte. Aber sogar dann noch stehen die Hunde sprungbereit, nach wie vor vom Jagdfieber erfüllt. Es ist jetzt viel stiller geworden in dieser zeitlosen Wasserwelt.

Ab und zu hört man den Ruf der Rohrdommel, der dem dumpfen Gebrüll eines Ochsen ähnelt, und das heisere Schlagen und klarere Pfeifen des Wasserhuhns. Brachvögel ziehen klagend durch die dunkle Luft, und über der Wasserfläche bilden sich dünne Nebelschwaden.

Menschen und Wild haben nur noch einen Wunsch: fort von den Mücken und schlafen.

Aus der klammen Kälte der Weide kommend, werden wir von der zwischen den Bäumen beim Bauernhof aufsteigenden warmen Luft überrascht und umschmeichelt.

Der Eissprossenzehner

Philipp Huizer saß in der Schule. Es war warm und ziemlich laut im Klassenraum. Der Lehrer las aus einem dicken Buch vor. Von Zeit zu Zeit blickte er über seine Brille in die Runde und klopfte mit einem langen, knochigen Finger auf die Rückseite des hochgehaltenen Buches. »Wir haben es beinahe geschafft«, sagte er. Philipp sah aber, daß er erst bis zur Hälfte gekommen war. Wie konnte der Lehrer den ganzen Wälzer um Himmels willen noch bis zum Schluß der Stunde durchnehmen wollen? Er wußte doch, daß Philipp den Bus von Viertel nach kriegen mußte. Der Lehrer las und las, während der große Zeiger der Uhr sich langsam über die verschnörkelte römische XII schob. Alle paar Minuten sah der Lehrer stirnrunzelnd nach dem auf heißen Kohlen sitzenden Philipp, dem der Kragen immer enger wurde.

Warum bloß durfte er das Fenster nicht öffnen? Schließlich sagte der Lehrer:

»Philipp Huizer muß zur Strafe nachsitzen!«

Die Klasse leerte sich. Philipp saß hilflos in seiner Bank, wie betäubt vor tiefster Verzweiflung. Der Lehrer korrigierte jetzt Hefte auf seinem Pult, hielt ab und zu seine große Armbanduhr hoch und sagte:

»Wir bleiben hier hübsch brav noch zwei Stunden sitzen.«

Mit einem erstickten Schrei wachte Philipp auf, die Stimme des Lehrers noch im Ohr. Er sah auf das erleuchtete Zifferblatt des Weckers: Viertel vor zwölf. Vorsichtig fühlte er, ob seine Frau schon im Bett lag, aber das Bett war leer. Sicherlich war sie noch in ihr Buch vertieft, er selbst hatte sich schon um zehn schlafen gelegt. Er knipste die Leselampe hinter seinem Kopf an. Über einer Stuhllehne hing seine Jagdkleidung, auf dem Sitz lag das Buch, in dem er bis halb elf gelesen und das er dann im Traum in den Händen des Lehrers gesehen hatte: Ludwig Mathars ST. HUBERTUS, DER JÄGER.

Er ging hinunter. In der kleinen Diele standen Büchse, Patronentasche und Ferngläser bereit. In der Küche hörte er seine Frau hantieren. Er öffnete die Tür. Sie war dabei, ihm seine Stullen zu machen.

»Kommst du nicht ins Bett?«

»Gleich. Zwei mit Wurst und zwei mit Käse?«

»Ist gut. Machst du nicht zu lange?«

»Nein, nein, noch fünf Minuten.«

Sie füllte die Thermosflasche und kroch neben ihren Mann unter die Decke. Philipp löschte die Lampe und sah nach den Lichtern, die von draußen an die Zimmerdecke projiziert wurden. Komisch, daß die sich immer bewegten. Er versuchte, sich so hinzulegen, daß er das Schlagen seines Herzens so wenig wie möglich spürte, sonst würde er gar nicht einschlafen können. Die Nächte vor einer wichtigen Jagd waren sich alle gleich: keinen Schlaf finden, die fortwährende Angst, den Wecker nicht zu hören, die grauenhafte Vorstellung, daß der Wecker womöglich gar nicht erst klingeln würde, das kurze Einnicken zwischendurch . . . Heute war es besonders schlimm, es stand ja auch ein überwältigendes Ereignis bevor. Ein Eissprossenzehner war ihm zum Abschuß freigegeben worden in einem Revier, wo er als Gast mithalf, das Kahlwild zu strecken. Philipps Herzschlag beschleunigte sich erneut: sein erster Geweihträger! Es war ein besonders massiges Stück, das bereits ein Rudel geformt hatte und durch seine Aggressivität und Körperkraft eine Anzahl besserer Vererber fern hielt. Barthel, der Jagdaufseher, hatte Philipp wissen lassen, daß er möglichst bald kommen sollte.

Er schlief ein und stand vor Barthels Haus. Alles war dunkel, nichts rührte sich. Zita, der Schweißhund, war nicht im Zwinger. Philipp war zu spät gekommen, dieser Mistwecker, man hätte es ahnen können! Außerdem hatte er sein Gewehr vergessen und trug kurze, hellblaue Hosen wie ein kleiner Bub. Völlig idiotisch!

Er wachte schweißgebadet auf. Neben seinem Kopf zeigte der Wecker zwei Uhr an, er tickte vertrauenerweckend. Philipp seufzte, er benahm sich tatsächlich wie ein kleiner Junge kurz vor einer großen Reise. Er stand auf und lugte durch einen Spalt des Vorhangs nach seinem im Schein einer Laterne funkelnden Auto. Dann schlich er auf Zehenspitzen zurück ins Bett, um seine Frau nicht zu stören. Als er aber die Decke über sich zog, sagte sie:

»Kannst du nicht schlafen?«

»Kaum. Du auch nicht?«

»Du wühltest so.«

»Ich träume dauernd.«

»Wegen des Hirsches?«

»Ja.«

»Dummkopf!«

Im Dunklen legte sie eine Hand auf seine Stirn. Philipp packte ihre Finger und drückte einen Kuß auf ihren Handrücken.

»Schlaf jetzt.«

»Der Wecker wird dich ganz bestimmt aus dem Schlaf reißen.«

»Wenn du ihn gleich wieder abstellst vielleicht auch nicht.«

»Warten wir ab . . . Nacht!«

»Schlaf gut.«

Endlich fiel Philipp in einen tiefen Schlaf, aus dem ein ohrenbetäubendes Rattern ihn aufschreckte. Er brachte den Wecker mit einem Volltreffer zum Schweigen. Viertel vor vier. Jetzt würde es geschehen. Draußen war es noch stockfinstere Nacht. Seine Frau drehte sich ein paarmal unruhig um, schlief aber weiter. Philipp zog sich leise an, startete seinen Wagen so geräuschlos wie möglich und glitt aus der schlafenden Stadt. In einer guten Stunde fuhr er mit Höchstgeschwindigkeit auf der Schnellstraße bis zu der Abfahrt zu Barthels Haus. Von dort war es noch eine Viertelstunde. Bis zum Beginn der Jagd konnte er es noch gut schaffen. Nach fünf Minuten tauchte aber ein rotes Licht auf dem Asphaltweg vor ihm auf. Er drosselte die Geschwindigkeit: UMLEITUNG und ein Pfeil nach rechts. Philipp fluchte, er kannte die Umleitungen hier, sie kosteten einen in der Regel eine halbe Stunde. Trotz des Schildes gerade durchfahren, wie er es in der Stadt manchmal tat, wäre hier zu riskant. Er bog seufzend in

den schmalen, auf beiden Seiten mit Birken bestandenen Weg ein.

Der Kilometerzähler zeigte einen, zwei, drei, vier Kilometer an. Im Osten erschien ein Streifen Licht. Endlich kam Philipp an eine Kreuzung. Ein an einem Baum gekalkter Pfeil zeigte nach links. Philipp fuhr auch diesen Weg in hohem Tempo hinunter. Er hatte keine Ahnung, wo er sich befand. Die Wiesen zur Rechten, wo er ab und zu vage eine Kuh ausmachen konnte, hatte er überhaupt nicht in Erinnerung. Er rieb sich energisch die Stirn, um sicher zu sein, daß er nicht schon wieder träumte. Jetzt kam er an eine Weggabelung. Er bremste. Kein Pfeil zu sehen. Der linke Weg war nicht befestigt, wenig verlockend. Philipp nahm auf gut Glück den rechten. Der Weg wurde jetzt zu beiden Seiten von einem Wall von Eichenhackholz gesäumt, und es wurde deutlich heller. Um halb sechs sollte er sich mit Barthel treffen. Er sah auf seine Uhr: drei Minuten vor halb. Das schaffte er nie. Wenn Barthel aber eine Viertelstunde wartete, mochte es noch klappen.

Plötzlich hörte der Asphalt auf. Der Weg wurde kurviger und noch schmaler und führte mit einer T-Kreuzung in eine breite Buchenallee. Die Verzweiflung schnürte Philipp die Kehle zu. Er hätte natürlich doch nach links abbiegen sollen. Bei der schwachen Innenbeleuchtung des Wagens versuchte er, sich an Hand einer Karte zu orientieren, was aber mißlang. Auf Karten dieses Maßstabes waren solche kleinen Wege gar nicht angegeben.

Philipp wendete und fuhr zurück. Bei der Gabelung kam ihm zu seiner großen Erleichterung ein Mann auf einem Moped entgegen. Es war ein Waldarbeiter, der ihm mit wenigen in den Sand gezogenen Strichen den Weg zu Barthel zeigte.

Zehn vor halb sieben bog Philipp in den kleinen Hof des Jagdaufsehers ein. Es war jetzt heller Tag. Barthel rupfte ein Huhn. Als Philipp ausstieg, stand Barthel auf, legte das Huhn auf einen Holzstapel ab, wischte sich die Hände und sagte seelenruhig:

»Guten Morgen, der Herr!«

»Sind wir zu spät?« fragte Philipp nervös.

»Könnte sein, wir wollten allerdings nach einander losziehen. Steigen Sie schnell ein!«

Der Jeep schaukelte dröhnend in den Wald hinein. Philipp erklärte sein spätes Eintreffen. Barthel umfuhr ge-

schickt eine tiefe Pfütze, in der sich die Sauen gesuhlt hatten. Er lächelte etwas vor sich hin und sagte:
»Die legen hier eine neue Kanalisation an. Ich hätte Ihnen gestern abend Bescheid sagen sollen.«
Einen Kilometer vor der Heide ließen die beiden Männer den Jeep zurück und pirschten unter Wind weiter.
»Tick, tick!« machten die von Blatt zu Blatt fallenden Tautropfen. Spinnengewebe schwebten zwischen dem Holz. Mal war es totenstill, mal wurde an drei, vier, fünf Stellen geröhrt. Immer wieder durchrieselte es Philipp bei diesen urtümlichen Lauten; er sah sich selbst an der Hand seines Vaters auf einer langen Wanderung vom richtigen Weg abgekommen und von brunftigen Hirschen umringt . . .

Als die Männer den Rand der Heide erreicht hatten, hockten sie sich hinter einen Baum und leuchteten das Gelände mit den Ferngläsern ab. Zweihundert Gänge vor ihnen stand ein Stück Kahlwild, weiter rechts noch eins, beide starr auf sie zu sichernd doch anscheinend nicht genügend beunruhigt, um Reißaus zu nehmen. Hier und da röhrte noch ein Hirsch, doch allmählich wurde es stiller. Die Tiere zogen nach rechts in die Deckung, wo sich womöglich der Rest des Rudels befand. Von einem Geweihträger keine Spur. Barthel meinte, daß der Tageseinstand des Rudels sich nicht für die Pirsch eignete und ein Versuch das Rudel zu sehr verunsichern würde.
»Wir sind nun einmal zu spät«, sagte er, »da bleibt uns nichts anderes übrig, als bis zum Abend zu warten.«
Herumfaulenzend und schlafend verbrachte Philipp den Rest des Tages bei Barthel. Der Wind legte sich im Laufe des Nachmittags weitgehend, und der Himmel zeigte große blaue Stellen. Barthel deutete darauf und sagte:
»Das wird prima heute abend!«
Um halb fünf gingen sie erneut hinaus, wieder zur Heide. Barthel war sicher, daß das Rudel dort austreten würde. Die Männer krochen in eine Delle neben dem von majestätischen Birken gesäumten Sandweg, der das offene Gelände abgrenzte. Was noch an Wind übrig war, blies nach wie vor von der Heide auf sie zu. Sie warteten. Kurz nach halb sechs meldete sich ein Hirsch aus dem dichten Streifen Schlangenfichten und Krüppeleichen rechts neben der Heide. Es war ein dunkles, böses Röhren.

»Ist er das?« fragte Philipp.
Doch Barthel war sich nicht sicher. »Abwarten«, brummelte er nur.
Nach einigen Minuten antworteten zwei Hirsche schräg hinter ihnen. Barthel sah sich besorgt um.
»Wenn die nur nicht in unsere Witterung geraten. Gut, daß es so wenig Wind gibt.«
Noch zwei weitere Hirsche meldeten sich zu Wort. Aus den Schlangenfichten ertönten wiederholte zornige Brunftrufe, anscheinend stand dort ein Platzhirsch, der sich schon im voraus über künftige Nebenbuhler aufregte, die sich bis morgen früh pausenlos bemühen würden, ihm sein weibliches Gefolge abspenstig zu machen. Währenddessen zog er unverkennbar langsam nach links, was bedeutete, daß es bald etwas zu sehen geben mußte. Schaudernd harrte Philipp der Dinge, die da noch kommen würden, er fühlte sich in vorhistorische Zeiten versetzt. Barthel hielt ihm sieben Finger vor, einen für jede Stimme, die er bis jetzt gezählt hatte. Das versprach eine Nacht zu werden!
Philipp mußte an einen September vor vielen vielen Jahren denken, als er die Jagd auf Hochwild noch für ein unerreichbares Ziel hielt. In dem engen österreichischen Tal, wo das gemütliche kleine Hotel tagsüber in der Sonnenglut stand, röhrten nachts Hunderte von Hirschen an allen hohen Hängen ringsum. Hohe und tiefe Stimmen waren es gewesen, junge, alte, dunkle, zaghafte, jähzornige, abgeklärte, wehmütige. Aber immer waren sie tief in die menschliche Seele gedrungen. Manchmal hatte man in der Ferne den Klang der aufeinander prallenden Stangen vernommen, dann wieder das Getöse einer bis ins Tal herunter rollenden Steinlawine, die durch stampfende, plätzende Hirschschalen in Gang gesetzt worden war . . .
Barthel stieß Philipp an, gab ihm ein Zeichen mit dem Kopf. Am Rande der niedrigen Schlangenfichten stand ein Tier. Es äugte wiederholt nach hinten, sicherte dann wieder lange über die Heide. Sein Kopf war grau und länglich, und es war kaum achtzig Gänge von ihnen entfernt. Ein zweites Tier wurde sichtbar, ein drittes, danach ein Hirschkalb, dann wieder ein Tier und noch ein Kalb.
Die Stücke zogen langsam aus der Deckung und verhofften nach zwanzig Gängen. Hinter ihnen röhrte der Platzhirsch, der ein paar Minuten geschwiegen hatte, nun fast unaufhörlich. In den Fichten rührte sich er-

neut etwas, ein Geweih wurde zur Hälfte sichtbar. Barthel spähte angestrengt durch sein Fernglas, Philipp setzte seins einen Augenblick ab, um seinen Begleiter anzuschauen. Er wartete auf dessen Urteil, das auch bald folgte:

»Ich glaube, er ist es. Was Sie da sehen, ist die linke Stange.«

Philipps Herz pochte wild, die Entfernung war ideal. Mit bebenden Fingern prüfte er, ob das Zielfernrohr auch wirklich fest saß, schob die Sicherung ein paarmal hin und her. Ach du liebe Güte, es waren doch wohl Patronen in der Kammer? Jetzt wagte er es nicht mehr zu riegeln, in dieser blattstillen Atmosphäre würden die scharfen Lauscher des Hirsches jeden Laut noch aus weiten Entfernungen vernehmen.

Das halbe Geweih blieb genau, wo es war. Ab und zu bewegte es sich, als schüttelte sein Träger Fliegen ab, und während eines Rufes schien es hintenüber zu sacken. Auf der Heide äste das Kahlwild, hinter uns röhrten zur Linken und zur Rechten mehrere Hirsche gleichzeitig. Es war kurz vor halb sieben, bald würde die Sonne untergehen, sie hing bereits wie ein roter, verschleierter Ball eine Handbreit über dem Horizont. Endlich kam das Geweih vom Fleck, die andere Hälfte wurde sichtbar, darunter ein mächtiges Haupt, ein schwerer Träger, ein starker Rücken, ein schwarzgefleckter Bauch.

»Er ist es«, murmelte Barthel, ohne das Fernglas von den Augen zu nehmen, »wenn er breit steht, dürfen Sie schießen.«

Philipp verlor plötzlich den Mut. Ihm war, als könnte er diesem erlesenen Sinnbild der Kraft und der Eleganz nichts zuleide tun. Am liebsten hätte er gesagt:

»Laß nur, Barthel, heute abend nicht — vielleicht sogar nie.«

Aber er riß sich zusammen. Es ging ja nicht nur um das Töten eines Geschöpfes. Dies war trotz der Größe des Augenblicks nur ein selektiver Abschuß, eine Notwendigkeit zur Erhaltung des Gleichgewichts in der Natur, das Ergebnis vieler Sorge, Mühe, Hege und Investitionen. In einer bunten Mischung durchzuckten ihn diese Gedankenfetzen zusammen mit namenlosen Gesichtern aus seinem vergangenen Leben.

Der Geweihträger kam nicht breit. Zuerst zog er in aller Ruhe spitz von Philipp fort, trollte dann ein Weilchen,

um ein abgewandertes Tier zurückzutreiben, und stand anschließend röhrend gerade in Philipps Richtung, während kleine Dampfwölkchen aus seinem vorstehenden Unterkiefer aufstiegen.

Langsam zog das Rudel weiter in die Heide, mit vornehmer Gelassenheit äsend, als ob es das alles eigentlich nichts anginge. Mal trollte der Zehner im Kreis um das Rudel, mal stand er in dessen Mitte. Bis er dann — die Entfernung betrug nun einhundert und fünfzig Meter — auf einer Sandverwehung in seiner ganzen Höhe breit stand.

»Jetzt!« flüsterte Barthel. Philipp setzte den Stachel hoch aufs Blatt an, sein Finger glitt zum Abzug, alle Unsicherheit war gewichen, seine Hand war fest wie beim Steuern eines Autos, die Unterseite der Büchse ruhte auf einem bemoosten Sandbuckel und wurde von seiner Faust gestützt.

In diesem Moment schob sich ein Rücken zwischen ihn und den freistehenden Hirsch: ein Kalb, das dicht neben den Hinterläufen des Hirsches (es hätten die Hinterläufe eines Stieres sein können!) ein paar Grasbüschel ausrupfte. Im allerletzten Moment hatte Philipp den Schuß noch zurückhalten können. Er fluchte leise. Barthel pfiff durch die Zähne. Das Rudel verschwand in einer Senkung, erschien kurz darauf wieder auf einer Bodenwelle, der Geweihträger folgte langsam, wobei er den Männern den Spiegel zukehrte. Die Entfernung wurde allmählich zu groß. Barthel blickte nachdenklich drein, prüfte das Licht. Die Sonne war untergegangen, und die erste Dämmerung legte sich wie ein dünner Hauch über die Heide.

»Wir werden ihn anpirschen müssen, wenn wir ihn vor Dunkel noch kriegen wollen, aber dazu werden wir eine ganze Strecke über die Heide dort links robben müssen.«

»Machen wir!« sagte Philipp. Er durfte jetzt nicht schlapp machen, morgen mußte er wieder arbeiten, und was dann?

Der Hirsch gab wieder einen lauten Brunftruf von sich. Barthel und Philipp erstarrten: Keine zehn Meter neben ihnen wurde kräftig und zornig geantwortet. Aus den Augenwinkeln sahen die Männer nach rechts. Auf dem Birkenweg verhoffte ein junger Zwölfer, ein König des Waldes wie der Alte in der Ferne. Der junge Hirsch hatte die verhaßten Zweifüßler nicht eräugt, sonderbarerweise auch nicht ihre Wittrung aufgenommen.

Wie eine turmhohe Statue stand er auf dem gelben Sand, starr auf seinen Nebenbuhler zu sichernd. Ein Schrei auf der Heide, beantwortet von einem Schrei zwischen den Birken, der die Jäger durch seine Gewalt erbeben ließ. Plötzlich stürmte der Zwölfer schwer stampfend und schnaubend auf das Rudel zu. Sofort ging der Platzhirsch zum Gegenangriff über und rannte dem Rivalen mit donnerndem Lärm entgegen. Auf halbem Wege begegneten sie sich, blieben — ganz merkwürdig! — eine Weile Flanke an Flanke stehen, gingen dann beide ein paar Gänge rückwärts, beugten die Häupter nieder und drückten die Geweihe mit unbeugsamem Willen aufeinander. Die Hinterläufe bildeten einen Winkel von 45° zur Erde. Keiner der beiden wich von der Stelle. Der Zwölfer war leichter gebaut, dafür elastischer, der Haremsfürst schien fest ins Erdreich gepflanzt. Konnte der Platzhirsch einen Daumenbreit an Boden gewinnen, so eroberte der Zwölfer diesen sofort wieder zurück.

Minutenlang dauerte diese erste Kraftprobe, kratzend

rieben die Geweihsprossen über einander. Aus den weit aufgerissenen Nüstern entwichen Dampfstöße. Alter, Erfahrung und ungebrochene Kraft gegen noch wenig erfahrene, aber fest entschlossene Jugend, ein solcher Kampf ist das schönste Schauspiel, das es auf Erden gibt.

Noch einmal sollte der riesige Zehner mit seinen armdicken Stangen den Sieg davontragen. Mit einem überraschenden Seitenhieb seines gewaltigen Trägers brachte er den Zwölfer aus dem Gleichgewicht, so daß dieser ein paar Gänge zur Seite machen mußte, um nicht zu stürzen. Sofort richtete der Alte die vier spitzen oberen Enden seines Geweihs auf dessen Blatt. Bevor sie sich ins ungeschützte Fleisch gruben, warf der Zwölfer sich zwar um, aber zu weit, so daß nun seine andere Flanke eine Angriffsfläche bot. Erneut stieß der Alte zu, wieder wich der andere Hirsch aus. Dennoch war der Kampf bereits entschieden. Der Zwölfer konnte keine günstige Position mehr einnehmen, um noch einmal angreifen zu können. Jedem Dolchstoß ausweichend, wurde er Meter um Meter zurückgedrängt, gab sich schließlich geschlagen und blies den Abzug. Der Zehner blieb stehen und rief ihm nach: »Uch . . . uch . . . uch!«

Barthel versetzte Philipp einen Fußtritt. Schwach, viel schwächer als er erwartet hatte, klang der Schuß. — Im entscheidenden Augenblick eines blitzschnell zu fassenden Entschlusses treten oft Bilder panoramaartig vor die Seele des Menschen. So geschah es auch Philipp. Er sah sich als Meuchelmörder, der dem Sieger einen Dolch in den Rücken stößt. Beim Bedienen des Abzuges fühlte er sich daher gedemütigt. —

Ein heftiges Beben befiel den Zehner, er knickte in den Vorderläufen ein, ging dann in unregelmäßigen Fluchten in Richtung der Schlangenfichten ab, stolperte einige Male über Unebenheiten im Gelände, erreichte den Rand der Deckung und war fort.

»Laufschuß!« sagte Barthel.

Philipp hätte in den Erdboden versinken mögen, ihm war vor Elend speiübel. Am ganzen Körper zitternd, schob er eine neue Patrone in die Kammer. Er hatte präziser als je bei einem Reh das Blatt aufs Korn genommen, der Hirsch hatte vollkommen regungslos verhofft. Wie um alles in der Welt war es möglich, daß etwas schief gegangen war? Philipp wollte nachsehen gehen, etwas tun, um seiner Unglückseligkeit Luft zu ma-

chen, aber Barthel drückte ihn auf seinen Platz zurück.

»Drehen Sie sich eine«, sagte er und überreichte Philipp seinen schmuddeligen Tabaksbeutel.

Philipp tat es. Er sog den Rauch tief in die Lungen; das half zunächst, bis sich sein Magen umdrehen wollte.

»Barthel«, sagte er verzweifelt, »Barthel, in Gottes Namen, was sollen wir tun?«

»Rauchen Sie erst die Zigarette zu Ende, eher gehen wir nicht gucken!«

Es dämmerte jetzt tüchtig. Über die Heide zogen lange Dunstfetzen. In der Ferne drängte sich das Kahlwild nach wie vor zusammen, zehn schwarze Lauscher waren auf die Männer gerichtet. Die Beihirsche schwiegen, von jenseits der Heide kam ein entferntes Röhren aus einem Nachbarrevier. Nach zehn Minuten erhob sich Barthel.

»Jetzt können wir uns die Bescherung einmal ansehen«, brummte er.

Zehn Schritte vor dem Jagdaufseher erreichte Philipp den Anschuß.

Er kniete nieder und suchte mit der flachen Hand nach Schweiß. Barthel kniete neben ihm, suchte ebenfalls, pflückte einen Zweig Heide ab, woran Schweißtropfen klebten, betrachtete den Zweig aufmerksam und schaute weiter um sich. Plötzlich stand er auf, tat ein paar Schritte und kniete erneut nieder. Auf seiner Handfläche lagen zwei Fetzen Lungengewebe und ein Knochensplitter, unverkennbar vom Oberarmknochen.

»Das habe ich noch nie erlebt«, brummte er, »aber der Hirsch kommt herein, darauf können Sie Gift nehmen!«

»Gehen wir ihn suchen?« fragte Philipp ratlos. Er hätte alles getan, um Barthel gegenüber sein Gesicht zu retten. Dieser schüttelte den Kopf.

»Zu dunkel«, sagte er, »wenn der Hirsch im Wundbett liegt, machen wir ihn hoch, und dann läuft er uns ganz davon. Trotzdem, ich zerbreche mir den Kopf darüber, wie der Schuß bloß sitzt.«

Philipp starrte wie betäubt auf die Fichten. Über ihnen strich mit pfeifendem Flügelschlag ein Flug Enten vorbei, in der Ferne hörte man das ungeduldige Hupen eines Autos, mit leisem Rattern fuhr ein Zug der Nacht entgegen.

»Morgen gehen wir mit dem Hund hinterher«, beschloß Barthel, »jetzt geht's nach Hause.«

Im Gänsemarsch traten sie den Rückweg an. Unaufhörlich peinigte Philipp sich mit Selbstbeschuldigungen. Hätte er nur nicht geschossen, hätte er doch noch einen Augenblick gewartet; wie eine Urwaldtrommel hämmerte es in seinem Innern. Verzweifelt suchte er Trost bei Barthel, mit Fragen, Mutmaßungen, Vorschlägen. Fortwährend prüfte er ängstlich die Antworten des Jagdaufsehers auf das geringste Anzeichen eines Vorwurfs, obwohl er doch jede Zurechtweisung demütig entgegengenommen hätte. Barthel äußerte jedoch keine Kritik, er wiederholte nur:

»Der Hirsch kommt herein, machen Sie sich darüber nur keine Gedanken!«

Es schien Philipp gar nicht so sicher. Er wollte, er hätte die Sache niemals angefangen, dachte an seine Freunde, die nicht jagten, sich selbst keinen unnötigen Kummer bereiteten, jetzt genüßlich in bequemen Stühlen zurückgelehnt in die Röhre glotzten, sich unbeschwert unterhielten oder ein spannendes Buch lasen. Philipp kam das Gefühl, das ganze Erlebnis sei ein Alptraum. Vielleicht würde er gleich in seinem eigenen, vertrauten Bett aufwachen . . . Und gleichzeitig wußte er genau, daß dies hier bittere Wirklichkeit war, daß dieser Tag noch Wochen danach eine Quelle des Elends sein würde.

Bei Barthel rief er zuerst seine Frau an, um ihr zu sagen, daß er noch nicht nach Hause käme, eigentlich noch mehr, um ihre Stimme zu hören und die ruhige Atmosphäre seines Wohnzimmers im Hintergrund zu spüren. Nach einem bescheidenen Abendbrot schlug er auf Barthels Dachboden ein behelfsmäßiges Nachtlager auf. In seinem Schlafsack auf dem knarrenden, tief durchsackenden Bett liegend, drehte er sich, gleichzeitig von Hunger und von Übelkeit gepeinigt, stundenlang von einer Seite auf die andere. Um zwei Uhr in der Frühe wachte er von einem lauten Trommeln auf: Es regnete Bindfäden auf die Dachpfannen dicht über seinem Kopf. Er hörte das Rauschen der Bäume ums Haus, die sich unter den heftigen Windstößen krümmten. Plötzlich stand die Dachluke in einem weißen Feuer, der Donnerschlag folgte fast sofort nach dem grellen Blitz.

»Auch das noch«, dachte Philipp; warum mußten Jäger immer entweder nur totales Pech oder nur dummes Glück haben?

Es blieb bei dem einen Donnerschlag. Während der Regen langsam abnahm, schlief Philipp wieder ein. Als das erste Licht durch die Dachluke fiel und er unten eine Tür quietschen hörte, zog er sich hastig an und stieg die steile Treppe hinunter. Mühsam würgte er ein Stück Brot hinunter und trank eine Tasse Kaffee dazu. Im grauen Morgenlicht fühlte er sich noch elender als am Vorabend. Wenn sie den Geweihträger nicht fänden, würde er das Jagen einstellen, zumindest auf Hochwild.

Diesmal fuhren sie mit dem Jeep bis kurz vor den Anschuß. Bäume, Unterholz und Gräser triefen vor Nässe, kein Hirsch war zu hören. Die beiden Männer gaben sich auch nicht allzu viel Mühe, sich zu verstecken. Barthel ging mit Zita vorweg. Der Hund windete sofort und zog an, gerade auf die Schlangenfichten zu. Barthel folgte bedächtig, gab dem Hund nicht zuviel Leine. Circa zehn Meter vor der Deckung jaulte der Hund. Barthel bückte sich, hob ein durch den Regen abgespültes Stück Lunge auf, zeigte auf den Birkenweg.

»Stellen Sie sich auf der anderen Seite des Fichtenbestandes auf den Weg«, sagte er, »nehmen Sie das Zielfernrohr vom Gewehr und schießen Sie, sowie der Hirsch vorbeiflieht.«

Philipp bezog eilig den angegebenen Stand. Das letzte, was er sah, bevor die Fichten die Sicht verdeckten, war Barthels wartende, graugrüne Gestalt gegen blauen Hintergrund unter grauen Wolkergebilden.

Er stellte sich in einiger Entfernung von einem quer über den Weg verlaufenden, stark benutzten Rotwildwechsel hinter einer Birke auf und wartete.

Es dauerte lange, aber jeder Zeitabschnitt wäre unter diesen Umständen eine Ewigkeit gewesen. Vor drei oder vier Jahren hatte Philipp genauso darauf gewartet, Heinzens kranken Bock abzufangen, ebenfalls an einem auf eine regnerische Nacht folgenden Morgen. Nur war Philipp damals nicht selbst der Schuldige gewesen. Wie hatte Heinz, das arme Würstchen, ihn ans Herz gedrückt, als er den waidwund forthumpelnden Bock, der immer noch eine ziemliche Geschwindigkeit drauf hatte, durch ein weit entferntes Gestell zwischen Rotfichten mit einem Blattschuß erlöst hatte . .

Plötzlich erstarrte Philipp. Zwischen den Fichten wurde Hetzlaut gegeben, hohe Töne erklangen, ein geschnallter Schweißhund folgte flüchtigem Rotwild! Zweige wurden aufgewirbelt, und mehrere Gestalten

brachen durch das dumpf knackende Eichenhackholz zwischen dem Fichten- und dem Birkenbestand. Ein, zwei, drei Tiere, ein paar Kälber, dann ein Geweihträger, dessen Enden Philipp so schnell nicht zählen konnte, der aber bestimmt ganz anders aussah als der Zehner und den er ganz gewiß nicht erlegen wollte . . . Zita folgte dem Hirsch auf den Fersen.

Rudel und Hund verschwanden in der Dickung auf der anderen Seite des Birkenwegs. Der Hetzlaut wurde schwächer und schwächer und brach schließlich plötzlich ab. Nach etwa fünf Minuten erschien Barthel und fragte:

»Er war sicherlich nicht dabei?«

»Nein.«

»Dachte ich mir doch. Ich hätte den Hund nicht schnallen sollen, tat es auch eigentlich mehr oder weniger versehentlich, als wir durch verdammt dichtes Gestrüpp mußten. Gleich dahinter stießen wir auf dieses Rudel, sicherlich ist es dasselbe wie gestern abend. Ich glaube, daß der Zwölfer nun dabeisteht, ich sah ihn kaum zehn Gänge vor mir hochwerden.«

Nach einer Weile kam Zita zurück, wie ein nasses Aufwischtuch und schuldbewußt zu Barthel hinaufäugend.

»Und doch glaube ich's einfach nicht, daß er diesen Weg überquert hat«, sagte der Jagdaufseher, »wir müssen es einfach nochmal versuchen.«

Wieder zählte Philipp die Minuten, wieder verwünschte er seinen schlechten Schuß des Vortages. Aber eine Viertelstunde später durchzuckte ihn eine blitzartige Erregung. Er hatte es zwar noch nicht oft gehört, aber das dunkle Bellen, das nun aus dem äußersten Winkel des Fichtenbestandes kam, unterschied sich so sehr von dem vorherigen Hetzlaut, daß es nur ein Standlaut sein konnte. Also fündig geworden?

Er wagte es noch nicht zu glauben. Nicht den Stand verlassen, hielt er sich vor, jetzt erst recht nicht, man könne nie wissen, was noch geschehen würde. Angestrengt spähte er über die Heide. Wenn Barthel am Rande des Fichtenschlages war, mußte er Philipp zuwinken können. Dies war nicht zum Aushalten, warum kam Barthel nicht? Der Hund schwieg; was, zum Teufel noch mal, hatte das nun wieder zu bedeuten?

Und dann kam Barthel doch. Er hatte schon eine Weile gewinkt, ehe der besorgte Philipp ihn entdeckte.

Barthel führte ihn durch den Fichtenbestand, der hier nur noch ungefähr dreißig Meter breit war. Eine tiefe, weißsandige Senke lief hindurch. An deren Rand standen die Männer still. Barthel zeigte, aber Philipp hatte es schon gesehen: An einem Brombeerstrauch lag der verendete Geweihträger. Sein mächtiges, gekröntes Haupt ruhte in gerader Stellung zur Linken eines vorgestreckten Vorderlaufs, fast als ob er schliefe. Unter seinem massigen Brustkorb hatte sich ein mattroter Schweißfleck gebildet und war im Sande verlaufen. Diesen Anblick würde Philipp nie mehr vergessen.

»Er ist im Fichtenschlag sofort nach links abgebogen«, sagte Barthel, »und ich hatte getippt, nach rechts. Zita hatte ihn hier verloren, wahrscheinlich weil die Witterung des Rudels zu stark war. Er muß bald tot gewesen sein, Ihr Schuß sitzt lange nicht so schlecht, wie es gestern den Anschein hatte.«

Sie stiegen in die Senke hinunter. Barthel brach einen kleinen Zweig ab, rieb ihn durch den Einschuß, legte ihn auf seinen schäbigen Hut und überreichte ihn so Philipp.

»Waidmannsheil, der Herr!«

»Waidmannsdank, Barthel!«

Freude durchströmte Philipp. Die Welt war wieder in Ordnung, der Alptraum vorüber. Guter, treuer Barthel, er hatte wieder einmal recht behalten.

Schaudernd vor Glück kniete Philipp sich nieder, spürte die Feuchtigkeit nicht, die durch seine Hose drang, streichelte die Stangen, die Enden, den Windfang, die halbgeöffneten Augen mit dem tiefgrünen Glanz.

Die rechte Seite des Stückes, die Seite des Einschusses, lag oben. Philipp fühlte hinter dem Blatt und ließ seinen Finger in die Hautverletzung gleiten. Es war die richtige Höhe, aber sieben bis acht Zentimeter zu weit nach hinten.

Der linke Vorderlauf lag gefaltet unter dem Stück. Gemeinsam drehten die Männer den massigen Rumpf auf die andere Seite. Auf praktisch gleicher Höhe mit dem Einschuß befand sich ein breiter Ausschuß, ziemlich weit davor und darunter waren Knochensplitter durch die Haut gedrungen: der gebrochene Oberarmknochen.

»Ich begreife überhaupt nichts mehr«, sagte Barthel, »die Kugel muß in zwei Teile zerplatzt sein.«

Philipp holte sein Waidmesser hervor. Die Männer legten den Riesen auf den Rücken, was keine ganz einfache Sache war. Nach dem Aufschärfen des Bauches, dem Entfernen des Kurzwildbrets und dem Aufschlagen des Schlosses tastete er die Brusthöhle ab. Das Zwerchfell war durchschlagen, die Oberseite der Leber knapp angerissen, die linke Lunge zerfetzt. Mit Hilfe von Barthel zog Philipp das ganze Geräusch nach außen und fühlte erneut. Rechts der Einschuß, links der Ausschuß, links vorn ein zweiter, viel kleinerer Ausschuß. Er tastete ihn mit den Fingern ab. Die Rippen waren dort leicht verbogen aber nicht gebrochen. Er steckte seinen kleinen Finger dazwischen, fühlte jedoch nur eine weiche Masse aus geronnenem Blut und Muskelfasern.

»Dort ist etwas hindurchgegangen«, sagte er zu Barthel, »wollen wir ihn dort von der Außenseite aus aufschärfen?«

Mit ein paar forschen Schnitten legte Barthel den Oberarmknochen frei, wischte eine Anzahl Schweißklumpen und Muskelfasern zur Seite und stieß fast augenblicklich auf ein verformtes Stück Stahl, das halb in dem gebrochenen Markbein steckte. Vorsichtig löste er es mit der Spitze seines Messers heraus, um es dann aufmerksam zu betrachten.

»Das habe ich in zwanzig Jahren nicht erlebt«, sagte er, »das muß der Geschoßmantel sein, der nach Abgabe der Bleifüllung durch irgendeine Ursache aus der Bahn geriet. Ihr Schuß saß ungefähr richtig, etwas weiter nach vorn wäre besser gewesen, aber Schwamm drüber. Und doch sah ich das Stück zeichnen, als hätte es einen Vorderlaufschuß abbekommen, soviel ist sicher.«

Er sah Philipp an.

»Das ist eine schlimme Nacht für Sie gewesen!«

»Für Sie etwa nicht?«

Der sehnige Jagdaufseher spitzte die Lippen, ließ seine grauen Augen, die fast alle Geheimnisse der wundersamen Welt des Waldes und seiner Bewohner gesehen hatten, über die weite Heide wandern und zuckte kaum merkbar die Schultern.

»Ach, man kennt jedes einzelne Stück Wild, man gewinnt sie lieb.«

Philipp ging zum Jeep, holte sein Horn und verblies den Geweihträger. So gehörte es sich, und verdient hatten sie es beide. Auf dem Rückweg brach die Sonne durch die Wolkendecke und setzte in weiter Ferne Lichttupfer auf die Baumkronen und auf die hügelige Heide — so wie alte Meister es darstellen. Es war Viertel nach acht. Philipp fuhr in rasendem Tempo nach Hause. Unter seinem Zwerchfell regte sich eine Glückseligkeit, die ihn in eine wohlige Ruhe versetzte. Mitleidig schaute er auf die übrigen Verkehrsteilnehmer, lauter Menschen auf dem Wege zu zweifellos höchst wichtigen Zielen. Und keiner von ihnen hatte eine blasse Ahnung vom wirklichen Leben in der Natur, war je durch die unermeßlichen Höhen und Tiefen der Jagd gegangen.

Intermezzo

Es ist die Jagd der Liebe gleich
ein flüchtig holdes Glück,
und beider stolzes Himmelreich
der bange Augenblick.

Es war Herbst. Das neue Semester begann. Die Kommilitonen fanden sich nach dem langen Sommerschlaf ein, um weiter in die Geheimnisse des menschlichen Körpers einzudringen — und um die Stadt mit ihren vielen Attraktionen zu erleben.

Der Campus war um diese Jahreszeit am schönsten. Die Grünanlagen und Grachten der City boten schon eine kleine Kostprobe der Farbenpracht, die einen vor den Toren der Stadt erwartete. Dort ging man unter dem braunen Dach der Buchenalleen, während ringsum das Gelb und Rot der Eichen flammte, in der Ferne die friedliche Flachlandschaft in der goldenen Herbstsonne schimmerte und der würzig herbe Duft des sterbenden Laubes Kindheitserinnerungen wachrief.

Im allgemeinen atmete man allerdings die scharfen Laborgerüche ein, und später, während der schlauchenden Assistentenzeit, arbeitete man oft bis zu 16 Stunden am Tag.

Ab und zu gab es aber doch eine Gelegenheit, in den Wald zu entwischen, von wo ich mit einer Tüte voll Pfifferlinge oder unwahrscheinlich dicken Bucheckern oder auch Maronen zurückkehrte. Das brachte eine willkommene Abwechslung in meine magere Kost, die ich mir selbst auf einer rostigen Kochplatte zubereitete. In jenen Jahren nämlich war für mich elternlosen, jungen Menschen ein Zehnmarkschein ein Vermögen, mit dem ich eine ganze Woche haushalten mußte.

An meinen freien Nachmittagen begegnete ich kurz vor der Stadt verschiedene Male dicht nacheinander zufällig einem Jäger mit einem Griffon. Wir freundeten uns an und trafen uns seitdem zu vereinbarten Zeiten, wobei ich dem Jäger, einem Spätvierziger mit Auto, ein wenig als Treiber zu Seite stand. Das Jagdrevier meines neuen Freundes bestand aus knapp hundert Hektar noch unerschlossenen Baugeländes; dieses grenzte an ein verwildertes Wäldchen, das keinem zugewiesen

war, so daß er auch dort sein Glück versuchen durfte. Der Jäger war ein in sich gekehrter Mensch, der selten sprach und auch nicht oft schoß. Ein paar Kaninchen, einen Fasanenhahn, ab und zu einen Hasen und vor allem Tauben, von letzteren allerdings eine Menge. Die Jagd war ihm, glaube ich, ziemlich gleichgültig, er wollte nur draußen in der Natur sein.

Der Griffon war ein großes, wildes Kind, ein bißchen hasenrein, dabei zäh und gutmütig, wie sie alle sind. Bald hörte er auch auf mich, und unsere Ausflüge machten viel Spaß.

An einem windigen Novembertag sahen wir von fern ein großes Fasanengesperre auf einem frisch eingesäten Roggenacker weiden. Es war später Nachmittag. Als die Fasanen uns vernahmen, liefen sie in eine mit Brombeersträuchern durchsetzte Eichendickung hinein. Am Ufer eines Baches überlegten wir. Mein Freund wollte einen Kreis ziehen, während ich das Flugwild mit Hilfe des Hundes zu ihm hin treiben sollte.

Gesagt, getan. Ich wartete eine Viertelstunde, bis er seinen Anstand bezogen hatte, und fing dann an. Bis zur Rückseite des Wäldchens hielt ich den Hund am Riemen, dort erst schnallte ich ihn. In diesem Moment erschien auf dem weißen Sand des Pfades eine schwarze Promenadenmischung, ebenfalls ein Rüde. Die Hunde beschnüffelten einander kurz auf steifen Beinen. Dann wollte der Griffon ins Holz. Meistens ist sein Jagdinstinkt stärker als seine Kampflust, aber diesmal war der schwarze Köter einfach zu frech. Mit gesträubtem Rückenhaar und wütendem Kleffen sprang er hinter dem Griffon her und biß ihn in die Hinterkeulen. Der große Hund drehte sich um, packte das kleine Monstrum an der Rückendecke und, bevor ich dazwischen kommen konnte, schüttelte er es wie ein Kaninchen. Danach griff der Kleine mit bemerkenswertem Mut erneut an, so daß es nunmehr zu dem bekannten Knäuel mit blitzenden Zähnen und fliegenden Haaren kam, in welchem Kampf der Angreifer natürlich auf die Dauer unterliegen mußte. Plötzlich machte er sich mit einem durchdringenden und anhaltenden Jaulen und Jammern aus dem Staube und bog um die Ecke des Pfades. Es hörte sich also an, als ob er dort liegen bliebe, so daß ich hin ging, um nachzusehen. Inzwischen erklang nun auch die Stimme einer Frau.

Sie hockte sich in den Sand und streichelte das auf dem Rücken liegende, noch leise piepsende Hündchen. Als sie mich sah, stand sie auf. Sie war etwa zwei- bis dreiundzwanzig Jahre alt, sehr schön und sehr böse und trug einen hellen Regenmantel mit passendem Hut und dazu braune Trotteurs.

»Was fällt Ihnen ein, meinen Hund so zu mißhandeln?« fragte sie wutentbrannt.

Tja, was antwortet man in einer solchen Lage? Man versucht zu erklären, wie es war, aber es hört sich dann alles gar nicht so überzeugend an, wie man es wohl gern hätte. Und ihr sagen, daß man im Jagdrevier keine Hunde frei herumlaufen läßt, ging auch nicht, denn wir befanden uns ungefähr auf der Grenze.

Ich kniete nun auch neben dem Opfer und sah mir den Schaden an. Der war nicht gering. Ein Ohr hing schwer mitgenommen herunter, war an der Wurzel halb durchgerissen, in der Flanke war ein winkelförmiger Riß, in dem fetten Rücken hatten die Zähne des Griffons ein sauber eingraviertes Muster hinterlassen.

Die Fasanen habe ich lieber mal vergessen, und kurze Zeit später standen wir zu Dritt um den kleinen Kleffer (den sein Frauchen auf dem Arm hatte). Der Griffon war an einem Baum angeleint. Ums kurz zu machen: Ich schlug vor, die Wunden bei mir zu vernähen. Mein Freund, der etwas bedeppert dabeigestanden hatte, brachte uns im Auto hin. Wir fuhren noch kurz bei der Dame vorbei (sie wohnte in einer kleinen Villa in einer Art Dornröschengarten am anderen Ende des Waldes), damit sie ihre lange Abwesenheit erklären konnte, doch ihre Eltern waren nicht da.

Auf meiner Bude hatte ich Nähzeug, und nach etwa einer Stunde war der Schaden behoben. Wir brachten Dame und Hund nach Hause, und ich versprach, eine Woche später wiederzukommen, um die Fäden zu ziehen.

So geschah es, und bei dieser Gelegenheit lernte ich auch die Eltern der Schönen kennen; sie gaben sich — verständlicherweise — ein wenig zugeknöpft. Ohr und Rücken vom kleinen Liebling hatten sich gut erholt, aber das Mistvieh hatte die Heftfäden aus seiner Flanke geleckt, so daß die Wunde weit klaffte. Nachdem ich Desinfektionspuder hineingestreut und die Wunde erneut geschlossen hatte, fertigte ich aus steifem Karton einen Kragen, damit Lieblings Zunge kein neues Unheil mehr anrichten könnte. Ich ließ ein paar Tüten Puder da und machte noch ein paar Kontrollbesuche, bis alles verheilt war. Eine nicht allzu schöne kahle Stelle blieb, die feindlichen Gefühle hatten sich aber beiderseits in halb freundschaftliche verwandelt.

Wie es weiter ging? Leider muß ich hier die wahre Version erzählen, obwohl diese — wie meistens — nicht die wahrscheinlichste ist: Wochen später gab es irgendwo eine Fete, wo man mit Dame zu erscheinen hatte. Da alle Kommilitoninnen, die ich kannte, entweder zu blasiert, zu häßlich oder schon vergeben waren, faßte ich mir ein Herz, rief Dornröschen an und fragte sie, ob sie mitkäme. Sie sagte wahrhaftig ja, und das war der Anfang einer großen, zärtlichen, ja, ich darf wohl sagen, einer stürmischen, unvergeßlichen Liebe, die mich kolossal von meinem Studium ablenkte.

Die Liebe dauerte drei Monate. Dann kreuzte ein breitschultriger Luftwaffenpilot am Firmament auf, der es — venit, vidit, vicit — in knapp zwei Wochen schaffte, bei der Dame meines Herzens eine glatte Landung zu machen.

Dilemma

Winter 1966/67. In den Schweizer Bergen waren fünf Meter Schnee gefallen. Danach hatte es bis in großen Höhen wieder getaut, so daß Lawinengefahr bestand. Der Jagdaufseher, perfekter Skifahrer, nicht bange wegen ein bißchen Schnee und mit dem Gespür eines Hochgebirgstieres für Lawinen ausgestattet, hatte sich an jenem Tag weit ins Revier gewagt. Von einem hohen Paß zwischen zwei Bergriesen blickte er über ein fächerförmig sich ausbreitendes Tal, das auf beiden Seiten von schneebedeckten Gipfeln abgeriegelt war. Durch sein Fernglas spähend, sah er rechts über der Baumgrenze acht schwarze Punkte hintereinander herkriechen: eine Gruppe Skifahrer, die ohne Führer unterwegs waren.

Ganz schön gefährlich bei diesem Wetter, sagte er sich. Als sein Fernglas an der linken Seite des Tales nach oben glitt, stieß er bald auf ein Rudel von dreißig Gemsen. Sie standen auf einem durch eine überhängende Felswand schneefrei gehaltenen Fleck. Unter ihnen fiel eine fast kahle, nur hier und da mit schmalen Grasstreifen bewachsene Felswand steil ab. Auf einem dieser Grasstreifen äste ein Kitz, seine Mutter stand etwas höher am Hang. Plötzlich sah der Jagdaufseher einen Adler über dem Rudel kreisen. Gleich darauf ging dieser im Sturzflug herunter und ergriff das Kitz. Die Geiß machte noch einen mutigen Versuch, ihren Nachwuchs zu retten, aber bevor sie den Adler erreicht hatte, war dieser schon wieder aufgestiegen — mit dem kleinen Kitz in den Fängen. Er segelte mit seiner Beute in die Richtung des Jagdaufsehers, bis er weit genug von dem Gamswild entfernt war, und ließ das Kitz dort aus dreißig Meter Höhe auf die Felsen fallen, um es zu töten. Das Kitz überlebte den Sturz jedoch und versuchte, sich in eine Nadelholzdeckung zu drücken. Wieder stieß der Adler zu, packte das Kitz noch einmal, zog einen Kreis und ließ es abermals fallen. Diesmal brach es einen Vorderlauf, versuchte aber dennoch wiederum, die Deckung zu erreichen.

Inzwischen überlegte der Jagdaufseher, ob und wie er das Drama beenden könnte. Das Gamswild gehörte zu seinem Revier und stand somit unter seinem Schutz. Der Adler mußte ebenfalls geschont werden. Der Jagdaufseher erwog, einen Schreckschuß fliegen zu lassen, entschied sich dann aus zwingendem Grund dagegen: die Lawinengefahr, ganz speziell im Hinblick auf die nunmehr bis auf 500 Meter herangekommene Gruppe Skifahrer. Jede zu heftige Lautschwingung könnte ja eine Schneeverschiebung in Gang setzen.

Beim zweiten Anflug des Adlers auf das Kitz, hatte der Jagdaufseher sich erhoben und aus Leibeskräften mit den Armen gefuchtelt, doch der Vogel hatte ihn nicht eräugt.

Zum dritten Mal ergriff der Räuber nun das mühsam davonstolpernde Kitz. Diesmal kreiste er weiter und höher, kam aber doch wieder, um erneut zu versuchen, seine Beute an der Felswand zu zerschmettern. Ob er nun aber einen Navigationsfehler gemacht hatte oder aber doch irgendwie beunruhigt worden war, diesmal ließ er sein Opfer jedenfalls in eine Baumgruppe fallen, wonach er sich nicht weiter darum kümmerte und davonflog.

Das Gamswild am Felshang war verschwunden. Die Skifahrer hatten den Paß erreicht, ohne etwas zu merken. Der Jagdaufseher zeigte ihnen die sicherste Strecke und machte sich selbst auf den beschwerlichen Weg zu der Baumgruppe. Dort angekommen, fand er nach kurzem Suchen das Kitz, das im hohen Schnee weit abgerutscht und dann mit dem Rücken an einem Baumstamm liegen geblieben war. Beide Vorderläufe waren gebrochen, die Decke mit Schweiß durchsetzt, aber das Kitz lebte noch immer und versuchte zu fliehen. Mit zwei schnellen Sprüngen war der Jagdaufseher bei ihm. Gnädig glitt die Schneide des Messers zwischen die Rippen und fand das Herz.

Halbschlaf

Ob es wohl jedem Jäger so geht? Daß, drei Minuten, nachdem er in die Federn gekrochen ist, und — vorausgesetzt, ihm wurde die Gnade eines gesunden Schlafes zuteil — gerade bevor er einschläft eine Mischung kunterbunter Jagdeindrücke glasklar an ihm vorbeizieht? Heute war das Ergebnis bei uns im Feld recht mager. Arndt bekam einen Riesen von Fuchs in 45 Meter Entfernung vor den Lauf und gab's ihm tüchtig in den Winterpelz. Rotrock zeichnete wohl, sogar noch, als er weiter hinauf am Jagdaufseher vorbeiflitzte, aber herein kam er nicht.

Da wir frische Saufährten auf dem Sandweg entdeckten, wurden zwei dichte Douglasschläge durchgetrieben. Dieses Treiben erbrachte tatsächlich zwei Schwarzkittel: ein bestes Schwein und ein kleineres. Leider kamen sie am anderen Ende aus dem Holz, dort, wo Jan, der den Jagdaufseher nicht verstanden hatte, mit der Flinte bereit stand. Jan rief wohl noch mit bühnenreifem Tenor: »Sau heraus!«, was dort in dem stillen Wald ungeheuer musikalisch klang, aber damit hatte es sich dann auch. Später bekam der arme Teufel darüber noch einiges zu hören, am meisten ärgerte er sich aber selbst, denn die Stücke waren so gelassen über den Kahlschlag gewechselt, wie man es selten erlebt.

Am Nachmittag war dann alles Essig. Große Waldtreiben, die in den vergangenen Jahren ziemlich viel Wild gebracht hatten, waren jetzt wie leergefegt. Und zum Hohn packte einer der Hetzhunde unter dem Strauch den einzigen vorhandenen Fasanenhahn, ohne daß dieser auf die Schwingen kommen konnte. Inzwischen fiel der Regen ohne Pause, und um halb fünf hatten wir es satt und machten Schluß. In der Jagdhütte wurden dann noch lange Leichenreden gehalten, aber Pech ist eben Pech, und das gibt's überall.

Der Wind bewegt die Gardinen im Schlafzimmer, späte Stadtgeräusche dringen schwach mit herein . . . Lieber denke ich an die Woche davor! Hinter meinen geschlossenen Augenlidern läuft ein Hase über eine triefend nasse Wiese. Die Treiber sind noch soweit weg, daß sie wie kleine schwarze Pfähle am Deich zu stehen scheinen.

Der Krumme läuft geradeaus, seine mühelosen Fluchten haben ihn jetzt mitten zwischen die ersten Flankenschützen des zu durchtreibenden Viereck gebracht. Dann baut er plötzlich einen Kegel. Hoch hinaus ragt der braune Kopf, um die Lage zu peilen. Die Jäger hocken sich in die kahlen Böschungen, aber Meister Lampe eräugt sie trotzdem. Nicht länger als zehn Sekunden braucht er, um seinen Fluchtweg zu wählen, zwischen zwei Schützen durch rennt er der Freiheit entgegen. Die Treiben sind groß, wie sich das bei der Jagd im Flachland gehört; die sieben Schützen können nicht alles decken, so ist es ein faires Spiel.

Der nächste Hase kommt, ungefähr auf der Spur des ersten, vielleicht ist dies ein Jahrhunderte alter Wechsel. Diesmal kein Kegel, sondern ein plötzlicher Haken in die falsche Richtung. Es knallt, der Bauch blitzt weiß auf, mit drei Zuckungen ist das Leben erloschen. Ein dritter Hase rennt parallel zu der nun näherkommenden Treiberlinie nach rechts, überlegt es sich, will zurück, wird mit viel Lärm eines anderen belehrt und läuft dann ganz nach vorn, zur Landstraße. Der dort aufgestellte Jäger hängt über einem breiten Gatter. Er rührt keine Muskel und läßt den Krummen mit voller Geschwindigkeit gerade in die Schußlinie laufen. Zum zweiten Male zeigt sich das Weiß des Bauches. Aus einem Wassergraben steigt eine Krickente im Zickzackkurs auf, hoch am Himmel faltet sie die Schwingen, dann erst hört man den Schuß, einen Meisterschuß, wie es scheint. Aus dem nächsten Wassergraben steigt noch eine Krickente auf. Unbegreiflich, wie zähe sie ist! Vier

Ladungen Schrot können sie nicht davon abhalten, nach weiten Gewässern abzudrehen!

Und das alles wieder in diesem kleinen Polder, einem Fleckchen sumpfiger Erde, schwarz vor Tiefmoorschlamm, flach wie ein Billardtisch, von Dörfern umsäumt. Zusammenhänge zwischen Feuchtigkeit und Rheuma gelten offensichtlich nicht für Hasen. Dies scheint für sie ein idealer Lebensraum zu sein, sonst wäre dieses Revier, das jahrein, jahraus eine üppige Strecke liefert, schon längst ausgestorben. Offensichtlich ist das Fehlen von Wilderern und Raubwild mehr als ein Ausgleich für die vier Ernten, die jeden Herbst mit der Flinte hereingeholt werden — vier Ernten, die sich übrigens im Ausmaß so gleichen, als wäre jede von ihnen die erste.

Nach einem vorzüglichen Essen, einem vorzüglichen Drink und ein paar Witzen, die den Jägermeister so purpurn anlaufen lassen, daß er kurz vor einem Herzschlag zu stehen scheint, folgt am Nachmittag noch eine Wiesenstrecke wie gehabt. In Scharen laufen die Hasen den Schützen entgegen oder machen sich listig davon. Schnepfen wirbeln laut rufend hoch, meistens ohne Schuß, nur vereinzelte fallen nach langer Kreisbahn. Die ersten der hier übernachtenden Enten wollen einfallen. Drei von ihnen eräugen die Eindringlinge zu spät und stürzen ins Gras, die übrigen streichen ab.

Gegen Abend sind die Regenschauer vom Winde verweht. Hinter dem Horizont macht die Sonne sich bereit, unterzugehen. Eine Viertelstunde, bevor es soweit ist, blenden sich Licht und Dunkel zu einer so merkwürdigen, diesigen Mischung, daß die noch immer an den Böschungen der Wassergräben hochwerdenden Hasen schemenhaft und größer erscheinen als sonst. Der Jägermeister läßt abblasen. Es wäre nicht mehr möglich, einen kranken Hasen nachzusuchen.

Die Gesellschaft geht den Weg zum Bauernhof zurück. Scharen von ausländischen Enten ziehen auf ihren nächtlichen Europareisen mit pfeifendem Flügelschlag in großer Höhe vorüber.

Auf einem kleinen Rasen wird die königliche Strecke gelegt: zuerst die Hasen, dann die Enten, die Schnepfen, drei Fasanenhähne . . .

Friedrich von Gagern sagt: »Es gibt keinen Tod. Es gibt nur einen Übergang. Und das ist ein Trost, wenn auch nicht für jeden Sterbenden, so doch jedenfalls für den — Tötenden.«

So ausgedrückt, hört es sich leicht an.

Im Prediger 3.1-3 steht es übrigens auch: »Ein jegliches hat seine Zeit, und alles Vornehmen unter dem Himmel hat seine Stunde. Geboren werden und sterben, pflanzen und ausrotten, was gepflanzt ist, töten und heilen . . .«

Zeit, das ist Bewegungsmaß der Materie, so lernten wir früher in den Stunden unseres unbeholfenen Philosophielehrers, in denen wir immer einnickten. Zeit, so sagen die Physiker, vermittelt sich durch eine wachsende Entropie in der »Unordnung« der Welt, die nach Nivellierung sämtlicher Energie- und Temperaturunterschiede im Wärmetod ihr Ende findet. Zeit, das ist das einzige, das man nicht aufhalten kann; zur Hälfte wird sie von uns selber bestimmt, zur Hälfte wirkt sie auf uns ein, das wußten bereits die alten Griechen. Man sitzt mitten drin, und es gibt kein Entrinnen. Wir pendeln zwischen Vergangenheit und Zukunft, zwischen Freud und Leid, Hoffnung und Verzweiflung, Verstand und Gefühl, Anfang und Vollendung.

Jeder von uns wird täglich vierundzwanzig Stunden lang auf seine eigene besondere Weise mit all diesen Dingen konfrontiert. Das beste ist, alles einfach so zu nehmen, wie es kommt.

Draußen steht der Vollmond am Himmel. Er schaut über die Wälder, die Polder, über hügeliges Heideland und über fruchtbare Felder. Er sieht die Sauen wechseln, die Rehe verhoffen, die Hasen rammeln, die Fasanen schlafen, die Enten ziehen und unendlich viel mehr, was sich in der unwirklichen Traumwelt einer hellen Mondnacht alles so abspielen kann. Er verleiht den drei Minuten, die dem Jägersmann vor Morpheus' Eintritt ins Schlafzimmer bleiben, noch einen ganz besonders festlichen Glanz.

In der vierten Minute dreht sich dann schließlich alles in einem Trichter, der mit warmen Erinnerungen angefüllt ist und an dessen Ende ein paar Stunden tiefen, sorglosen Schlafes warten.

Nachmittage und Abende

Es gibt Tage, an denen alles gelingt, und andere, an denen man drei Stunden lang pausenlos »Ratzen«* schiebt. So ist das nun einmal. Im ersten Fall ist man natürlich mutterseelen allein, im zweiten folgen mehrere Augenpaare interessiert all deinen Bewegungen — besonders beim Taubenschießen!

Die Septemberlandschaft war grün mit blauem Himmel und weiten Horizonten, die Luft atmete sich leichter, angenehmer denn an schwülen Sommertagen, und beim Wechsel der Jahreszeiten lag jener wehmütige Hauch über den Feldern, der nachbleibt, wenn sich die Frühnebel verzogen haben.

Vor mir boten vierzig Hektar Gras- und Stopelland die Chance, ein Rebhuhn zu schießen. Auf dem nachbarlichen Acker wurde mit dem Traktor gearbeitet, was ganz dafür sprach, daß alles, was auf den Namen Perdix perdix hörte, sich auf meiner Seite befand. Der Nachbar hielt übrigens sowieso nichts von der Hühnerjagd, die Vögelchen waren ihm zu gering, der Mühe und der teuren Patronen nicht wert. — Jeder nach seinem Geschmack. —

Die Hündin zog ein paarmal so suggestiv an, daß ich in Gedanken das Schnurren der abstreichenden Hühner schon hörte, doch stets hatte Diana es auf Kiebitze oder Stare oder anderes Kleinvolk abgesehen. Tauben waren reichlich vorhanden, blieben aber, wie üblich, unerreichbar.

Nach anderthalb Stunden hatte ich noch immer kein Huhn gesehen und die Nase gestrichen voll. Ich kam an einem meines Erachtens völlig überflüssigen Deich vorbei, auf dem zwei hohe, alte Pappeln Seite an Seite auf Freund Hein beziehungsweise auf die Axt des Bauern warteten. Denn stolze Baumriesen scheinen dem Landwirt von heute ein Dorn im Auge zu sein. Daß diese beiden bis jetzt überlebten, verdankten sie wahrschein-

*Nullwurf beim Kegeln

lich nur der Tatsache, daß das Roden mehr gekostet hätte als das Holz wert war — sie waren ja niemals beschnitten worden.

Mutter Natur hielt hier nun doch noch eine nette Überraschung für mich bereit: Über den hoch über meinem Kopf säuselnden Pappeln lag ein belebter Taubenstrich. In der Ferne, jenseits des Flusses, machte sich ein zweiter Bauer daran, gerade an diesem Nachmittag ein großes Stoppelfeld umzupflügen. Die von der Heide herübergeflogenen Tauben, die ihren Kropf hier schon seit Wochen gefüllt hatten, kehrten immer wieder, um sich nach alter Taubenmanier beleidigt ringsum aufzubauen.

Das erste Paar Enten, das einfallen wollte, sah mich im letzten Moment und schwenkte ab. Während des Kreuzens stürzte eine in einer Spirale ab und landete mit einem lauten Plumps im Wasser, aus dem Diana sie schwanzwedelnd apportierte.

Danach flogen vier Enten hoch über den Bäumen. Eigentlich hätte ich mir sagen sollen: laß' sie fliegen, es hat keinen Zweck. Hier aber, ohne Publikum, kam eine von ihnen so mausetot herunter, als hätte sie das Schrot magisch angezogen. Ein Pärchen auf der anderen Seite schoß ich mit einer Doublette. Man braucht's mir nicht zu glauben, aber ich schoß und schoß und schoß. Die Hündin apportierte und betrachtete die Beute mit vor Erregung leuchtenden Augen, gelben Augen nicht weniger aufmerksam als ich. Die Nässe machte ihr langes Haar immer lockiger, und sie sprang immer waghalsiger in das moorige Wasser, um weit abstreichende Vögel zu holen.

Gegen halb fünf zogen von links und rechts die Melkerkolonnen ins Feld; damit war der beste Teil des Tages fürs Taubenschießen vorbei. Außerdem blieb ein Gewitter, das nach Norden ziehen wollte, südlich des Flusses hängen. Ich beschloß, auf Enten zu warten, besonders, da noch ein Freund von mir kommen wollte, wenn es ihm gelänge, die Praxis rechtzeitig zu schließen.

Als er eine Stunde später eintraf, stand der Himmel noch wie eine blaue Kuppel über uns, während die Sonne hinter ein paar rot-schwarzen Wolkenstreifen unterging. Im Süden bot sich inzwischen ein großartiges Bild: Fabrikschornsteine, Kirchtürme und Hochspannungsmasten schienen zu brennen, als wären sie allesamt vom Blitz getroffen worden, und das von ihnen reflektierte Licht erhellte wie das Geschützfeuer von Kriegsschiffen die Unterseite der bleigrauen Wolkendecke von Ost bis West.

Bei dieser Witterung hätten die Enten gut streichen können, aber das karge Jagdergebnis war eine einsame Ente, die quakend das Gelände nach Gesellschaft abgesucht hatte; sie fiel wie ein Stein zu Boden, und nichts folgte mehr. Als Diana zu Wasser ging, um die Ente zu holen, schwamm an der Spitze einer V-Welle ein aufgeschrecktes Geschöpf zum anderen Ufer. Wir glaubten,

es wäre eine Ratte, doch was sich nach dem Schuß in der Agonie noch kurz in meine Hand festbiß, war ein zierliches Wiesel, ein gieriger kleiner Räuber mit schwarzem Schwanzwedel.

Wieder warten, warten auf Wild. — Wie oft besteht das Jagen nicht aus warten, oft mit geringen Erfolgschancen. Überhaupt scheint das halbe Leben als Warten zu bestehen: Warten auf Geburten, auf Verkehrsampeln, auf den Tod, auf Heilprozesse, auf das Ende eines Krieges, auf ein Wiedersehen . . . Diesmal hatten wir beim Warten allerdings Sperrsitze vor einer Wagner-Weltuntergangsbühne. Schier unvorstellbar, daß dieses fruchtbare Land in drei Monaten eine kahle weiße Wildnis sein würde. Im vorigen Winter lagen siebzehn Gänse im Wasser vor uns. Tagein, tagaus haben wir sie angepirscht, mit allen Tricks, die unsere bereits überspannten Gehirne ausbrüten konnten: krie-

chen, weiße Laken umhängen, von zwei Seiten anpirschen . . . alles vergeblich. Schließlich fanden die Gänse, daß es reichte, und zogen sich an einen ruhigeren Ort zurück.

Eine halbe Stunde nach Sonnenuntergang brachen wir auf; das Gewitter rollte dumpf noch ein wenig nach; auf dem Wege zur Landstraße versuchten wir, uns gegenseitig die eine lästige Ente in die Hand zu drücken. Auf einigen Wiesen wurden wir von einer dichten, drängenden Schar schnaubender Kühe umringt, die es auf die mir zwischen die Beine kriechende Hündin abgesehen hatten und bei jedem Gatter launisch muhend zurückblieben, bis auf eine aggressive Färse, die mitten in einen Graben sprang und, bis zum Bauch im Wasser stehend, fassungslos dreinblickte.

Als es gegen Mitternacht keine Notfälle mehr zu geben scheint und ich meiner Schreibmaschine mühsam diese Zeilen entlockt habe, schau ich im Sprechzimmer um mich. An den Wänden hängen Aquarelle, Federzeichnungen, Gemälde und Drucke, alles Darstellungen der Jagd, die meine Freizeit ausgefüllt hat und noch ausfüllt. Links ein windiger Septemberabend von Joop Schrijnder; die Sonne sendet noch grelle Lichtstrahlen auf einen belebten Tümpel, wo fünf elegant einfallende Enten ihren angestammten Platz auf dem Wasser einnehmen wollen.

Wie oft habe ich sie nicht wirklich so auf mich zu stieben sehen, während die Flinte jeder ihrer Bewegungen folgte.

Durch den Rahmen des Gemäldes steige ich zusammen mit dem Maler in die Nacht hinein, in die rätselhafte Nacht des Wildes. Der Wind frischt auf, die Wellen kräuseln sich, die Enten sind jetzt gern auf den Schwingen. Es ist ein Genuß, durch dunkle Lüfte zu segeln, sich vom Sturm hin- und herwerfen zu lassen, immer im Bewußtsein, dank der zwei kräftigen Schwingen Herr der Elemente bleiben zu können.

Schwarze Wolkenberge türmen sich auf, dazwischen ein paar helle Flecke. Der Horizont bleibt noch lange gestochen deutlich sichtbar, ganz dunkel wird's heute nacht nicht werden.

Als kleiner Steppke durfte ich manchmal auf nächtlichen Streifzügen mit meinem älteren Bruder mit. Ich hatte Angst vor allem, vor dem Wind, dem Wasser,

den Tierlauten, und ich war ganz sicher, daß wir nie mehr nach Hause zurückfinden würden. Schaudernd lehnte ich mich an meinen Bruder und schloß die Augen, um dem gemurmelten Gespräch zwischen ihm und seinem Freund irgendwelche beruhigende Hinweise zu entnehmen. — Wie oft geht in Krieg und Frieden nicht eine große, beruhigende Wirkung von der bloßen Existenz einer gewissen Konstellation aus: die verbündete Armee, die in der kritischen Phase der Schlacht heranrückt, der Arzt, der ans Krankenbett eilt . . .

Klatschend fielen die Aale in die Wanne, die die beiden größeren Jungen an einem Bindfaden zwischen ihren Angeln treiben ließen. Aie Aalquasten waren in Ordnung, ich hatte den ganzen Nachmittag bei der Herstellung mithelfen dürfen; die Aale hielten in ihrer Gefräßigkeit fest, bis ihre Stunde geschlagen hatte. Was wir taten war aber verboten, und auch in dieser Hinsicht war ich wieder ganz sicher: Es war nur eine Frage der Zeit, bis das Polizeiboot uns finden und mit zur Wache nehmen würde.

Welch eine Ewigkeit ist's her!

Damals wie heute wechselten die Jahreszeiten, führte uns die Wendeltreppe unserer — wir wollen hoffen, mutigen — Vollendung entgegen.

Rechts neben Schrijnders Enten hockt ein Dreiläufer von Rien Poortvliet im Schnee. Die weißen, kahlgemähten Felder bieten keinen Trost. Die guten Zeiten des üppigen hohen Frühlingsgrases sind noch weit. Wenn das kleine Häuflein Leben erhalten bleibt, so ist's nur, weil die Natur auch die geringste Nahrungszufuhr bestens zu verwerten weiß.

Noch weiter rechts an der Wand kehren Breughels Jäger heim. Unvergleichlich treffsicher ist die Darstellung der verschneiten, schüsselförmigen Landschaft. Die zwölf Hunde lassen die Köpfe zu Tode erschöpft hängen, auf dem Rücken eines Jägers schlenkert ein Fuchs, wie er dort jahrhundertelang gehangen hat und noch hängen wird; seitlich der Gruppe machen ein paar schlampige Menschen ein Feuer, schwarze Krähen umkreisen die kahlen Bäume, in der Ferne wird auf zwei Teichen Schlittschuh gelaufen.

Der ausgestopfte Fasan auf dem Schrank, der Fuchs-

kopf an der Wand, die Ecke mit den Rehbockgehörnen, ein jedes eine Erinnerung so lebendig wie einst das Stück in der Natur.

Allmählich fängt die Nacht an, Vergangenheit und Gegenwart durcheinander zu wirbeln. Jagdherren ziehen vorüber: Dirk, der gute Dirk mit seiner Jagd, ein Vogelparadies, das jedem rechten Jäger den Atem stocken läßt. Im leicht hügeligen Gelände erklingen die drei Stöße ins Horn durch Krüppelholz und Rotfichten. Das Terrain ist so geschaffen, daß vier Treibjagden die Zahl der Fasanen nicht halbieren können. Das Rebhuhn lebt dort in altmodischen Großfamilien aus fünfzehn oder mehr Mitgliedern. Das Kaninchen hat den ganzen lieben, langen Sommer zwischen den Rüben getollt und setzt der Strecke jetzt die Krone auf. Dieses Feld wird auf geheimnisvolle Weise jahrein, jahraus von der Myxomatose übergangen. Im Geiste sehe ich den Bauernhof noch immer voller Autos stehen, Jäger und Treiber drängen sich zu dichten Gruppen zusammen, im Nebel, im Regen oder auch in der klaren Luft eines sonnigen, gerade erst angebrochenen Frosttages, der einen mit gespannter Erwartung und einem tiefen inneren Frieden erfüllt.

Und Heinz mit seiner Flachlandjagd mitten in der Tiefebene, wo die Hasen die Reihen hochwerden, wo den ganzen Tag Enten auf den Schwingen sind und wo während des kalten Lunches ein jeder plötzlich seine Kaffeetasse absetzte, als die Bäuerin eine ertrunkene Ratte zeigte, die sie im Milcheimer gefunden hatte.

. . . Die Taubenjagd mit dem Scharfschützen Arnold im langsam schrumpfenden Grasland, wo die Tauben an sonnendurchfluteten Augustnachmittagen wie nie endende Strichellinien auf der Netzhaut erscheinen, die in der Dämmerung aus der Stadt wiederkehrenden Enten den Anfang des Abends verschönen, dessen Ende gewürzt wird von besinnlichen oder — öfter noch — stürmischen Nachbetrachtungen beziehungsweise zum Ausklang auch nur von unzusammenhängendem Stammtischgeplauder.

Drüben ist das »Jagdschloß« auf dem Gut am Fuße des Deiches. Das große, weiße Haus ist kein Schloß; es stammt aus dem neunzehnten Jahrhundert, wurde unten aus Stein, oben aus Holz erbaut. Die Auffahrt führt vom Deich in einer schwachen Kurve zwischen hohen Bäumen zur breiten Kiesfläche ums Haus. Ringsum erstreckt sich der Wald, ein typischer Auwald, in langen fünf- bis zehnfachen Baumreihen, die in viele Richtungen führen und Obstgärten, Äcker und

Wiesen umschließen. Am Rande des über 200 Hektar großen Geländes führen aufgeworfene Wälle bis tief ins Feld hinein. Ein immenser Märchengarten, vor Jahrhunderten mit viel Liebe und Sorgfalt angelegt, mit überlieferter Sachkenntnis verwaltet und Generationen lang instand gehalten. Rehwild hat hier seinen Einstand, im Weidendickicht locken unzählige Fasanen den Jäger, der Hase ruht in seinem geheimen Lager, und Tauben nisten hier zu Tausenden.

— Eins der nach und nach verschwindenden Paradiese; in spätestens fünfundzwanzig Jahren wird es von irgendeiner Stiftung aufgekauft worden sein. — Nur öffentliche Einrichtungen oder aber besonders gerissene Geschäftsleute dürfen sich heute noch auf Kosten der Armen bereichern.

Da fällt mir jener Tag wieder ein, an dem ich jenseits der Landesgrenze auf Jagd gehen sollte, in Gesellschaft eines Freundes, dessen Hund, als wir vor dem Sammelplatz ausstiegen, von einem Wegpiraten mausetot gefahren wurde. Und der Tag als, nachdem wir meilenweit in die feuchte Wildnis eingedrungen waren, mein Gewehr auf beiden Läufen hemmte und für den Rest des Tages auch dabei blieb.

Oder, noch besser, jene Jagd, bei der ich alle Gewehre, auch die der Gäste, mitsamt den Patronentaschen in den Kofferraum meines Autos gelegt hatte und dieser sich dann nicht mehr öffnen ließ. Nach einstündiger Fahrt ließen wir ihn an einer Tankstelle von einer stroh-dummen Hilfskraft aufbrechen, was sehr viel Lack kostete; der Zipfel eines Gewehrriemens hatte sich im Schloß verfangen, so daß der Schlüsselbart nicht faßte. Haben Sie ihren Wagen schon mal auf einer scheinbar leeren Weide abgestellt, um ihn am Abend von Kühen umringt wiederzufinden, die in aller Ruhe dabei sind, ihr treues Vehikel abzulecken, weil das Wachs so gut schmeckt? Sehen Sie sich in einem solchen Falle den Lack unbedingt einmal bei Gegenlicht an!

Auch kann man erleben, daß die einzigen zwei Hasen, die sich an einem bestimmten Tag sehen lassen, davonlaufen, von den Treibern nach einer gräßlichen Verfolgung über Zäune und Gräben vom Horizont zurückgeholt werden und einzeln am Schützen vorbeirennen, dieser aber wider Erwarten keinen Schuß löst, weil er — wahrscheinlich nach der Erbsensuppe etwas dösig — vergessen hat, seine Flinte zu laden.

Unser Leben besteht aus einer langen Kette zwischenmenschlicher Beziehungen, die gleichzeitig unser schönster Besitz sind. Im Mittelpunkt steht der Mitmensch, alles übrige ist Nebensache. Wenn sich eines Tages der letzte Schlagbaum öffnet und wir in bitterer Einsamkeit den Weg antreten, von dem es keine Wiederkehr gibt und an dessen Ende der Schöpfer uns fragen wird, wie wir mit den uns zugeteilten Gaben hausgehalten und was wir seinen Kreaturen angetan haben, werden wir armselig genug dastehen.

Das will aber nicht heißen, daß wir die Welt, ihre Wälder und Fluren und die Geschöpfe, die sie bevölkern, nicht genießen dürfen. Innerhalb der uns zugemessenen Zeit können wir uns ab und zu von unsern Pflichten lösen und uns allem, was die reiche Natur zu bieten hat, hingeben. Und machten wir von diesem Privileg einen etwas zu reichlichen Gebrauch, ach, dann steht hinter dem Stuhl des obersten Richters immer noch Sankt Hubertus, der uns vor der strengsten Strafe behüten kann, indem er einige mildernde Umstände in Gottes Ohr flüstert.

Das hier abgebildete Land schließt entweder gleich an die Dünen an und hat dann den holländischen Dichter Beets inspiriert, oder aber es liegt zwischen Deichen in einer der Provinzen Friesland, Utrecht oder Gelderland. Doch wie dem auch sei, jedenfalls ist es eine typische Aulandschaft, die jeder Niederländer wie keine andere Welt liebt.

Waidmannsprache

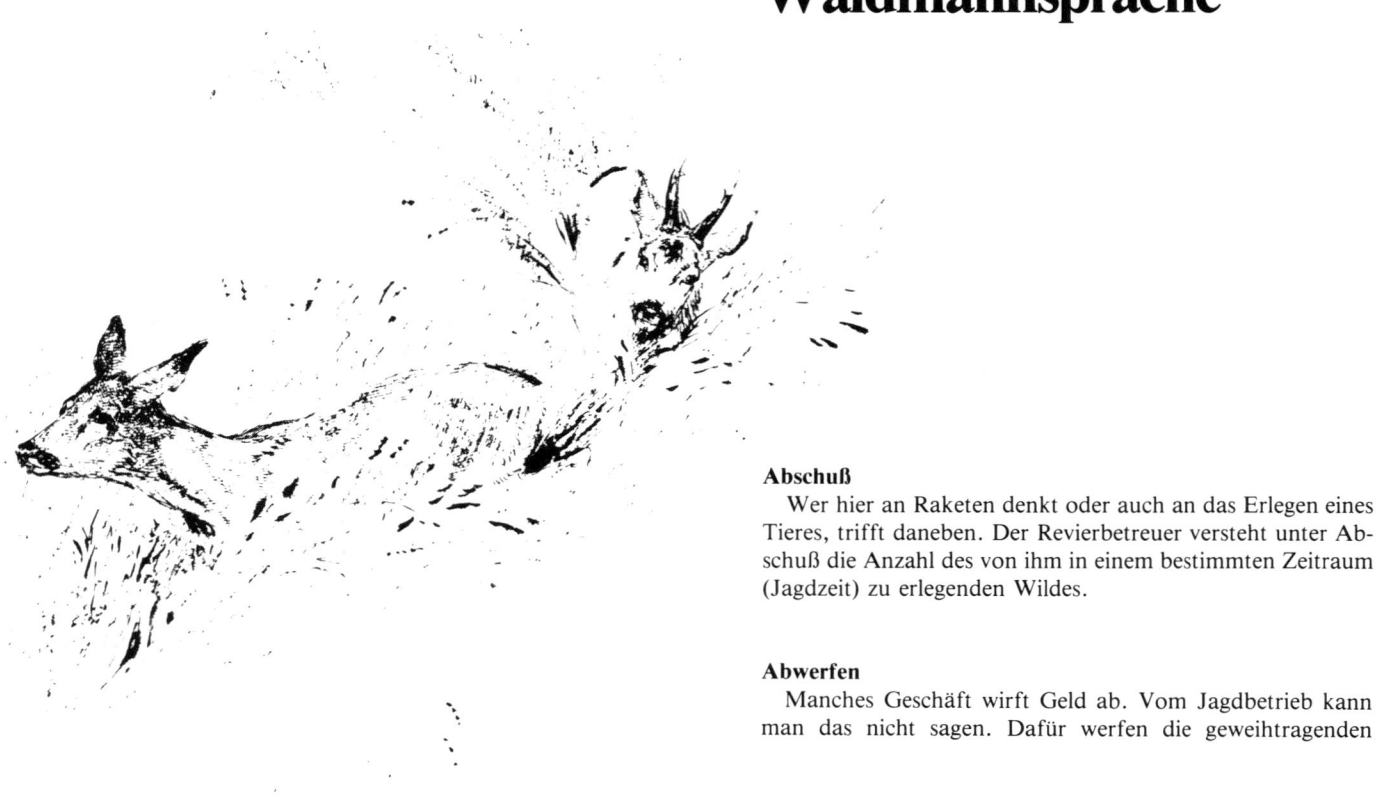

Abschuß

Wer hier an Raketen denkt oder auch an das Erlegen eines Tieres, trifft daneben. Der Revierbetreuer versteht unter Abschuß die Anzahl des von ihm in einem bestimmten Zeitraum (Jagdzeit) zu erlegenden Wildes.

Abwerfen

Manches Geschäft wirft Geld ab. Vom Jagdbetrieb kann man das nicht sagen. Dafür werfen die geweihtragenden

Wildarten jährlich etwas ab — ihr Geweih, um es dann im Winter oder Frühjahr neu zu schieben. So erklärt sich auch das Fachwort.

Abwurfstangen

Es handelt sich hierbei um die Geweihstangen, die dem Hirsch oder Rehbock abfielen und nach denen oft systematisch gesucht wird.

Ansitzen

Das ist keine besondere Art, es sich gemütlich zu machen. Oft ist es nämlich eher das Gegenteil: irgendwo unsichtbar im Revier — auf einem Hochsitz oder hinter einem abschirmenden Strauch — Wild zu erwarten.

Ansprechen

»Schönes Fräulein, darf ich wagen . . .«, so spräche Goethe das Gretchen an. Der Jäger meint mit »ansprechen« ein Stück Wild als Hirsch, Hase oder Reh und diese Tiere dann noch als jung, alt, kapital oder dergleichen zu erkennen.

Bastgeweih

Hier denkt der Laie womöglich an ein aus Bast gebasteltes Geweih. Der Jäger weiß, daß es sich bei einem solchen um das entstehende Geweih handelt, welches bis zu seiner Ausreifung von einer durchbluteten Haut umgeben ist. Diese Haut trocknet nachher aus und wird abgeschabt — das Geweih wird gefegt.

Bau

Kriminelle denken sich etwas anderes dabei. Wir Jäger verstehen darunter die Behausung von Kaninchen, Dachs und Fuchs.

Blatt

Wie ein Blatt im Winde . . . wankelmütiger kann nur noch ein Schmetterling sein. Einmütig aber ist festzuhalten, daß in der Jägersprache mit Blatt die seitliche Vorderpartie des Wildes gemeint ist. Ein guter Schuß sitzt auf dem Blatt, ist ein Blattschuß.

Brenneke

Auch hier kommen den Laien etliche Assoziationen: Eine Ecke, wo es immer »brennt«, beispielsweise. Wobei Sie mit »brennen« gar nicht so verkehrt liegen, kann der Jäger doch mit der Brenneke jemanden eins aufbrennen. Die Brenneke ist nämlich ein gewichtiges Flintenlaufgeschoß, das aus Schrotläufen verschossen werden kann. Der dicke Bleibatzen wird gern bei der Jagd auf Wildschweine verwendet.

Deckung

Ein Begriff für Fußballspieler, für Soldaten. Gewiß, der Grünrock bezeichnet mit Deckung all den Erdenbewuchs, unter (oder hinter) welchem sich das Wild verstecken kann.

Drilling

So mancher Vater hat Angst davor. Ist er ein Jäger, allerdings nicht. Erstens ist er kinderlieb und zweitens handelt es sich bei einem Drilling für ihn um ein dreiläufiges Gewehr — meist Kugel und Schrot kombiniert.

Drücken

heißt ganz einfach sich flach hinlegen, sich möglichst unsichtbar machen. Am besten kann das Wild dies in der Deckung s.o.

Einfallen

‘Wer denkt da nicht an eine gute Idee, die jemandem eingefallen ist. Besitzern von wackligen Althäusern fällt hierbei womöglich etwas anderes ein. Nicht hingegen dem Jäger, für ihn steht fest, daß mit »einfallen« das Landen von Flugwild, beispielsweise von Enten auf dem Wasser, gemeint ist.

Fiepen

Lautmalerei. Mit »fiepen« ist ein Laut des Rehwildes gemeint, den der Jäger hin und wieder nachahmt, wenn er auf die Rehwildjagd geht.

Frischen

Der Wind frischt auf, frisch, fromm, fröhlich, frei. Frisch wie der junge Morgen. Jung, neu will das heißen. So sind die Jäger auf das Frischen (= Gebären) gekommen. Allerdings nur bei Wildschweinen, bei Bachen also, die mindestens einmal im Jahr Frischlinge (Ferkel) frischen.

Gabelbock

Der Leser wird denken, hier werde eine neue Wildart, eine Antilope gar, vorgestellt. Es handelt sich indes um ein männliches Reh, einen Rehbock, dessen Geweih zwei Enden — eine Gabel also — aufweist.

Geiß

Wer kennt sie nicht aus dem Märchen — die Geiß mit den sieben Zicklein. Vornehmlich die Süddeutschen Jäger nennen das erwachsene weibliche Rehwild so. Die Preußen heißen es Ricke.

Geladen

Mehrfache Bedeutung auch im gewöhnlichen Deutschen. Hier kann man als Gast geladen oder — weil nicht — vor Wut geladen sein. Der Waidmann hat dabei eher das geladene Gewehr »im Auge«.

Haken schlagen

Das Wortbild ist auch in der Umgangssprache geläufig. Der Flüchtende schlägt Haken beim schnellen Lauf, um den Verfolger zu täuschen und ihm dadurch zu entkommen. Typisch in der freien Natur: der flüchtende, hakenschlagende Hase.

Hauer

Die Bergleute verstehen darunter einen Spezialisten unter Tage. Der Jäger nennt die unteren Eckzähne des männlichen Schwarzwildes so.

Jagdbar

Das hätten Sie sich so gedacht: Jäger brauchen zum Zielen Zielwasser, und das nehmen sie an der Jagdbar zu sich. In großen Zügen. Gefehlt: jagdbar wird klein geschrieben und stuft ein Stück Wild als nach waidmännischen Kriterien bejagbar ein.

Kahlwild

Bardamen pflegen ältere Herren gelegentlich so zu bezeichnen. Die Grünröcke halten es eher umgekehrt. Für sie ist weibliches Schalenwild Kahlwild. Es trägt — bis auf das Rentier — kein Geweih.

Kanzel

Ein aus der Kirche übernommenes Wort wie Gerät. Ein Hochsitz meist an Waldrändern, von welchem aus der Jäger mit seinem Wilde spricht. Mit dem Fernglas — dann nennt er es ansprechen, wie wir wissen. Mit der Büchse — dann allerdings schweigt er und läßt s i e sprechen.

Kapital

. . . braucht der Jäger, um auf die Jagd gehen zu können. Vor allem dann, wenn er einen kapitalen (= starken) Hirsch erbeuten will.

Löffel

Mancher Vater möchte im Zeitalter der antiautoritären Erziehung seinem Sohne etwas hinter die Löffel geben, ob des-

sen Bildungslücken. Für den Jäger wäre es eine Bildungslücke, wüßte er nicht, daß mit Löffel die Ohren gemeint sind, und zwar die von Hase und Kaninchen.

Lunte

. . . riechen, wer kennt das geflügelte Wort nicht. Mit Lunte war die Zündschnur gemeint, mit welcher zu Vorderladerzeiten Jäger wie Wilderer oder Soldaten ihre Schießgewehre in Aktion zu setzen versuchten. Einer brennenden Lunte ähnlich ist der Schwanz von Meister Reineke. Der vom Marder wird Rute genannt.

Muffelfleck

Krawatten-Muffel fällt uns auf Anhieb ein und ist seltsamerweise ganz nahe bei der hier gewünschten Bedeutung. Der Jäger versteht unter Muffelfleck den weißen (Schmuck-)Streifen jüngerer Rehböcke um den Windfang (Nase).

Orgeln

Damit ist nicht die Mehrzahl der Königin unter den Musikinstrumenten gemeint, sondern der orgelähnlich klingende Ruf verliebter Hirsche.

Rammeln

= häufig wiederholtes Geschehen bei Hasenhochzeiten.

Rominter-Hirsch

Es handelt sich hier nicht um eine besondere Hirschrasse, sondern um im Dritten Reich in der ostpreußischen Rominter Heide besonders herangehegte Hirsche. Sie zeichneten sich durch gewaltige Geweihe aus.

Schaufel

Elch wie Damhirsche tragen Geweihe mit flächenartiger Ausweitung. Da diese Schaufeln nicht ganz unähnlich sehen, benannte der Jäger sie nach diesem Gartengerät. Ein »starker Schaufler« ist also nicht ein besonders tüchtiger Gärtner . . . Letzteren sollte man überhaupt »schonen«.

Schieben

Wer hat ihn nicht schon geschoben — seinen Wagen. Schieben hat in der Umgangssprache allerdings noch eine andere Bedeutung: Schieber gleich Vorarbeiter, Schieber gleich

Gauner. Beides aber ist ein Rehbock oder Hirsch nicht, wenn ihm alljährlich in Winter oder Frühjahr das neue Geweih wächst. Dann schiebt er lediglich seine neue Kopfzier.

Schnitthaar

. . . wird der Friseur in die Mülltonne kehren. Der Jäger hingegen schaut sich das Schnitthaar beschossenen Wildes genau an. Er kann daran erkennen, wo seine Kugel das Stück getroffen hat.

Spiegel

Taschenspiegel führt in die falsche Richtung. Der Hosenspiegel — dieser seltsame Glanz individuell abgewetzter alter Herrenhosen — kommt der jagdlichen Bedeutung schon näher. Spiegel wird nämlich auch der weiße oder gelbe Fleck rund um den kurzen Schwanz (Wedel) von Reh und Hirsch geheißen.

Teller

. . . der gewitzte Leser wird jetzt nicht mehr an ein Gerät aus Küche und Eßzimmer denken. Teller oder Schüsseln nennt der Jäger die Ohren des Wildschweines.

Überläufer

. . . werden erschossen! So lautete ein strenger Grundsatz des Militärs. Wie es sich beim Schwarzwild verhält, sollen die Jäger entscheiden. Für sie ist ein Überläufer das ein- bis zweijährige Wildschwein.

Vorstehen

. . . können nur bestimmte Jagdhunderassen: die Vorstehhunde, meist große Jagdhunde, die aufgefundenes Wild (Hase, Fasan) nicht auf und davon hetzen, sondern es durch abruptes Stehenbleiben dem Jäger anzeigen. Um dies zu können, braucht der Hund eine gute Nase.

Zurücksetzen

. . . sollte man niemanden. Der Hirsch im Alter bleibt aber nichts anderes übrig. Sein Geweih wird ab einem bestimmten Alter ständig kleiner. Der Hirsch setzt zurück.

Zwölfender

. . . wurden altgediente Soldaten genannt. Der Hirsch mit einem insgesamt zwölfendigen Geweih muß nicht unbedingt so alt sein. Er ist allerdings ein alter Jägertraum.

Wirklich ganz tief schlafen
Hirsche nur selten. Nicht
mehr als ungefähr 20 Minuten pro
24 Stunden. So richtig ganz
„verschwunden sein" ist zu
riskant . . . Der Damhirsch
döst ein wenig; er sammelt Kraft
für die Brunftzeit Ende
nächsten Monats.

Dem Bussard wird —
wie so oft — die Nahrung
streitig gemacht.
Die Rabenvögel gönnen nun
einmal den Greifvögeln
gar nichts.

Die Brunftzeit für Rothirsche
ist schon vorbei. Man geht
wieder getrennt durchs Leben —
bis zum nächsten
September/Oktober.

Ende Dezember sucht der Fuchsrüde seine Fähe auf, denn die Ranzzeit (Rollzeit) ist gekommen. Wie zu sehen, hat sie noch nicht viel Lust dazu – aber nur Geduld . . .

Guten Anblick im JÄGER-Kalender von Rien Poortvliet

Alle Jahre neu und unnachahmlich schön die Bilder von Rien Poortvliet – zusammengestellt aus Ölgemälden und Aquarellen im JÄGER-Kalender aus dem Hause der Jagdzeitschrift JÄGER, dem JAHR-Verlag Hamburg.

Die schwarzen Rehe nehmen zu; aber ehrlich gesagt, ein normal gefärbtes Stück sehe ich lieber.

Wählen Sie
Ihr Lieblingsthema

Wenn Ihnen, lieber Leser, dieses Buch gefallen hat, sind wir sicher, daß Sie sich auch über eine Reihe ganz besonderer Zeitschriften freuen würden, die im gleichen Verlag erscheinen. Zeitschriften, die ebenso aufwendig ausgestattet sind wie dieses Buch. Und ebenso kompetent über einige der schönsten Hobbys berichten, die es gibt: Reiten, Segeln, Tauchen, Angeln, Golfen und Jagen.

Ist Ihr Hobby dabei? Dann lassen Sie sich »Ihre« Hobby-Zeitschrift doch einfach einmal 3 Monate lang kostenlos ins Haus schicken. In dieser Zeit können Sie sich dann selbst ein Urteil bilden und nach Ablauf der Probelieferung entscheiden, ob Sie weiterlesen möchten oder nicht. Das alles ist völlig unverbindlich und ohne jedes Risiko für Sie. Darum – wählen Sie Ihr Lieblingsthema.

2000 Hamburg 1

Bitte mit
50 Pfennig
frankieren

Antwort

Jahr-Verlag
Postfach 10 33 46

2000 Hamburg 1